Reise durch

NIEDERBAYERN

Bilder von
Martin Siepmann

Texte von
Trudie Trox

Stürtz

Erste Seite:
Glucksend und murmelnd strömen die Bäche durch die Schluchtenlandschaft der Buchberger Leite bei Freyung, einem der hundert schönsten Naturdenkmäler Bayerns.

Vorherige Doppelseite:
Auf einer markanten Felsnase thront Schloss Prunn hoch über dem Main-Donau-Kanal bei Riedenburg. In mittelalterlichen Urkunden findet sich eine erste Erwähnung der Burg bereits für das Jahr 1037.

Unten:
Begeistert schlüpfen Landshuts Bürger alle vier Jahre in historische Kostüme, um beim prächtigen Hochzeitszug, abendlichen Ritterturnieren und im großen Lager am Isarufer die glanzvolle Vermählung des Bayernherzogssohns Georg mit der polnischen

Prinzessin Jadwiga im Jahr 1475 wiederaufleben zu lassen.

Seite 10/11: Mit Obernzell, von Passau aus rund 20 Kilometer flussabwärts unmittelbar an der Donau gelegen, hatten sich die einflussreichen Passauer Bischöfe ein landschaftlich sehr idyllisches Fleckchen für ihre Sommerresidenz erwählt. Das restaurierte fürstbischöfliche Schloss beherbergt heute ein Keramikmuseum.

Inhalt

Niederbayern – Kleinod im Herzen Altbayerns

Die an der Isar gelegene kreisfreie Stadt Landshut ist Sitz der Regierung von Niederbayern und Verwaltungssitz des Landkreises Landshut. Wegen seiner prachtvollen Bauwerke, Burg Trausnitz (rechts im Bild) und Martinskirche (Bild Mitte), ist Landshut weit über die bayerische Grenze hinaus bekannt.

In der bayerischen Landeshauptstadt „Minga" einen Einheimischen über das Wo und Was der „niederbayerischen Heimat Niederbayern" des Kabarettisten Bruno Jonas oder der Schauspieler Ottfried Fischer und Uschi Glas zu befragen, ruft immer ein wenig Unsicherheit hervor. Bisweilen sogar Verlegenheit. Zunächst fallen Namen wie Bayerischer Wald und Arber – immerhin finden dort Weltcupskirennen statt. Auch die Dreiflüssestadt Passau ist ein Begriff: wegen der häufigen Hochwasser und des Politischen Aschermittwochs, der außerdem Vilshofen populär gemacht hat. Man kennt Dingolfing wegen des BMW-Werks, dann eventuell noch Deggendorf. Es ist ja nun häufig genug ausgeschildert als Endpunkt der Autobahn A 92, die am Münchner Flughafen vorbeiführt.

Landshut feiert alle vier Jahre sein historisches Hochzeitsfest, aber dass es die Hauptstadt Niederbayerns ist? Stirnrunzeln! Wenn Münchner ihre Besucher ins Umland chauffieren, dann eher nach Garmisch als nach Landshut. Die bezaubernde Residenzstadt einflussreicher Wittelsbacher Herzöge ist dem Münchner Empfinden nach so unendlich weit weg, aber Freising auf halber Strecke dorthin noch Oberbayern. Es beginnt das Rätselraten um den Grenzverlauf – auch in Richtung Südosten und Nordwesten. Wer weiß schon, dass Niederbayern mit seinen 10 330 Quadratkilometern Fläche bis in die Hopfengärten der Hallertau reicht und bis hinauf ins Altmühltal, weil der Landkreis Kelheim niederbayerisch ist! Wenn Südbayern ob der regionalen Grenzen schon ins Stolpern geraten, ist dann Nichtbayern ihr Achselzucken zu verdenken?

Findige Touristiker haben die Regierungsbezirke Niederbayern und Oberpfalz zum Großraum Ostbayern zusammengeschmiedet, nicht zuletzt verbindet schon die Donau die beiden Bezirke miteinander. Gleichfalls haben Oberpfälzer und Bayerischer Wald viele erdgeschichtliche und geographische Gemeinsamkeiten. Beliebte

Themenwege wie die Straße des Porzellans und die Glasstraße, ferner die Radwanderwege entlang der Flüsse ziehen sich als „rote Fäden“ kreuz und quer durch die Großregion. So viele Urlauber verpassen die Exotik der Nähe, wenn sie ins Flugzeug steigen, um die Ferne zu sehen. Schwarzspecht und Blaukehlchen im Bayerischen Wald auf die Spur zu kommen ist nicht weniger abenteuerlich, als Papageien im tropischen Urwald aufzulauern.
In Niederbayern wie in der Oberpfalz lag der Grenzraum zu Tschechien in den Jahrzehnten des Eisernen Vorhangs im Abseits aller Entwicklung. Hatte der „Woid“ auch in früheren Jahrhunderten die Energie für die Porzellanherstellung und die Glashütten geliefert – arm waren die Menschen trotzdem geblieben, während in Passau die Fürstbischöfe mit den Erträgen aus ihren Ländereien wie die Könige prassten und gegen die weltlichen Territorialherrscher in Landshut und München ihre Fehden führten.

Das Auf und Ab der Erde

Der aus Abensberg stammende Chronist Johannes Thurmair, genannt Aventinus (1477–1534), gab 1523 eine erste, in Landshut gedruckte Bayernkarte heraus, in der er die Bezeichnungen „Obern vnd Nidern Bairn“ und „behemisch waldt“ verwendete. Der Böhmische Wald war letztlich bis ins 19. Jahrhundert auch der Oberbegriff für den am Großen Arber bis auf 1456 Meter aufsteigenden Bayerischen Wald. Seine kristallinen Gesteine der sogenannten „Böhmischen Masse“ datieren ins Erdaltertum und damit zählt er zu den ältesten Gebirgen Deutschlands. Er setzt sich im Nordwesten fort im Oberpfälzer Wald, im Südosten im österreichischen Sauwald.
300 bis 400 Millionen Jahre Erdgeschichte haben ihre Spuren hinterlassen: das Tertiär mit tropischem Klima und kräftiger Verwitterung des Granits, zuletzt die Eiszeit. 125 Meter dick lastete die Eisdecke auf dem Gebiet des Nordwaldes, wie der Bayerische und Oberpfälzer Wald im Mittelalter hieß. Sie hinterließ Kare, in denen sich später die Schmelzwässer sammelten und Seen wie am Arber und Rachel füllten. In den großen Flusstälern schwemmten die Wassermassen Kies und fruchtbaren Boden an, während der Wind in den Zwischeneiszeiten feinste Partikel auswehte und zum Beispiel im Gäuboden sowie im Tertiärhügelland nördlich der Münchener Schotterebene ablagerte – dort wo heute der Hopfen rankt.
Das östliche Donautal folgt einer Bruchstufe, entlang derer der Gebirgsblock des Bayerischen beziehungsweise Böhmerwaldes gehoben wurde. Westlich von Regensburg allerdings steht man

im Bayerischen Jura vor einem flussgeschichtlichen Kuriosum: dem Donaudurchbruch bei Kloster Weltenburg. Im engeren Sinn handelt es sich dabei gar nicht um einen Durchbruch. In der Risseiszeit verlagerte die Urdonau ihr Bett zwischen Dollnstein (westlich von Eichstätt) und Kelheim nach Süden in die Täler kleinerer Nebenflüsse, die sich an der berühmten Weltenburger Enge 180 Meter tief in die Kalkfelsen eingeschnitten hatten. Die Donau selbst hat nur noch etwa zehn Meter ausgehobelt. Durch ihr altes Bett windet sich inzwischen pittoresk die Altmühl.

Zum Schutz der Natur...

... erklärte die Bayerische Staatsregierung im Jahr 1970 eine Fläche von 13 000 Hektar zum Nationalpark Bayerischer Wald. Er war der erste in Deutschland und ist mittlerweile der größte: 1997 wurde er auf 24 000 Hektar ausgedehnt. Gelegt hat sich der anfängliche Widerstand der örtlichen Bevölkerung gegen all jene, „die selbst noch den Borkenkäfer schützen", wie man die Befürworter des Nationalparks beschimpft hatte. Innerhalb von knapp 40 Jahren hat sich der ehemalige Wirtschaftswald radikal verändert, vom Sturm oder aus Altersschwäche umgestürzte Baumriesen verbleiben an Ort und Stelle, werden zu neuen Biotopen en miniature für Käfer, Pilze, Moose und andere Lebewesen. Diese Prozesse wie auch die „neue" Tierwelt mit Luchs, Wolf, Bär und Wisent (in ausgedehnten Gehegen) erklären ganz hervorragend die Informationszentren des Nationalparks in Neuschönau und Ludwigsthal: Der Mensch bleibt hier nicht ausgeschlossen. Im Gegenteil. Zudem sind dem Tourismus neue Erwerbsquellen für die ansässige Bevölkerung zu verdanken.

Von der Donau bis zur tschechischen Grenze besteht seit 1967 bereits der Naturpark Bayerischer Wald mit einer Fläche von 307 700 Hektar, seine Fortsetzung nach Norden hin bildet der Naturpark Oberer Bayerischer Wald (179 600 Hektar, in den Oberpfälzer Landkreisen Cham und Schwandorf). Zusammen mit dem tschechischen Nationalpark Sumava sind die Schutzzonen Teil des größten zusammenhängenden Waldgebietes in Mitteleuropa. Erlebnispfade, zigtausende Kilometer an Wander- und Radwegen locken zu Naturdenkmälern von einzigartigem Charme, in geheimnisvolle Wälder wie im Felswandergebiet des Nationalparks, zu gischtenden Kaskaden an den Risslochfällen, in die Wildbachschluchten der Buchberger Leite. Im Winter schwingt man durch stiebenden Pulverschnee vom Großen Arber talwärts oder nimmt die Spuren der Bayerwaldloipe auf – 150 Kilometer zwischen Silbersbach im Lamer Winkel und Neureichenau unterhalb des Dreisessel

Blick über die Donau auf den Michelsberg und die mächtige Befreiungshalle, die sich oberhalb der Stadt Kelheim befindet. Zum Gedenken an die gewonnenen Schlachten der Befreiungskriege gegen Napoleon, wurde der Bau von König Ludwig I. von Bayern 1836 zur Planung in Auftrag gegeben. 1842 folgt dann die Grundsteinlegung und im Oktober 1863 die offizielle Einweihung.

(1312 Meter). Die Winter im Bayerischen Wald gelten als schneesicher, Loipen durch Auenwiesen und dick verschneite Märchenwälder erfüllen alle Träume von Winterstille und Waldeinsamkeit.
Rückwirkend betrachtet war die Begradigung des Inns Anfang des 20. Jahrhunderts keineswegs eine begrüßenswerte ökologische Maßnahme, geschweige denn der Bau der Staustufen in den 1940er-Jahren, wodurch vier Innstauseen zwischen der Salzachmündung bei Haiming und Neuhaus entstanden. Erstaunlicherweise entwickelten sich diese zu einem Vogelparadies mit nahezu 250 000 Wasservögeln und Brutplätzen für 130 Arten, die sich hier unter idealen Lebensbedingungen vermehren. Das Europareservat Unterer Inn – eines von 27 Ramsar-Gebieten in Deutschland – findet nicht nur bei Vogelkundlern reges Interesse. Botaniker streifen durch die Auen auf der Suche nach seltenen Orchideen und anderen Pflanzen, über die – man staune – die Schmetterlinge 800 verschiedener Arten hinweggaukeln!
Stellenweise urtümliche Flusslandschaften mit Auwäldern und Altwassern entdeckt auch, wer den Radwanderwegen von Straubing aus donauabwärts oder entlang der unteren Vils folgt.

Ländliches Kulturgut – auch in Museen

Die Urbarmachung des Landes, insbesondere feuchter Flussareale, und ihre nachfolgende Besiedelung waren vielerorts den Klöstern, etwa Weltenburg und Niederaltaich, zu verdanken. Berichteten die alten Chroniken, dass die Kälte im Bayerischen Wald den Weizen nicht gedeihen ließ und jede vierte Roggenernte zunichte machte, so galt der Gäuboden als die Kornkammer Bayerns. In den Zeiten der industrialisierten Landwirtschaft des 21. Jahrhunderts liefert er weiterhin Spitzenerträge – fruchtbare Lössböden und eine sanftwellige Landschaft schaffen ideale Voraussetzungen dafür. Spezialkulturen wie Hopfen und Spargelanbau bilden die Schwerpunkte im Nordwesten von Niederbayern, wo ebenfalls Lössdecken die Hallertauer Hügel überziehen und weiter nördlich in lockere Sandböden übergehen.

Im Rottal, so heißt es, sind die Menschen „rossdamisch“, sprich pferdeverrückt. Der Grund dafür liegt im Dunkel der Geschichte verborgen. Das Land bot mit satten Wiesen und ertragreichen Getreideäckern eine gute wirtschaftliche Basis für die Pferdezucht. Und da die bayerischen Herzöge schon seit dem 16. Jahrhundert die Nachzucht für den Bedarf der Kavallerie förderten, stellte dies den Bauern eine angemessene Rendite in Aussicht. Von 1768 bis 1980 bestand in Landshut ein staatliches Landgestüt, in dem die Zucht der „Rottaler“ keine unwichtige Rolle spielte. Dieser Typ eines mittelschweren Arbeits- und Kutschpferdes ist dennoch erst seit dem 19. Jahrhundert belegt. Nach dem Zweiten Weltkrieg dann versuchte man daraus ein rittigeres Pferd für Jagd und Freizeit zu züchten. Durchaus erfolgreich.
Wie der Alltag der Bauern sich gestaltete, wie und mit welchen Materialien sie ihre Häuser bauten, wie sie kochten, aßen und schliefen – dies zeigen großartige Freilichtmuseen: das Museum für das ländliche Siedlungswesen Niederbayerns in Massing mit stattlichen Gehöften aus der Hallertau, dem Rottal und Isartal, das Museumsdorf Bayerischer Wald bei Tittling, das Bauernhausmuseum von Lindberg und das Freilichtmuseum Finsterau. Die beiden letzten sind ebenfalls der bäuerlichen Kultur des Bayerischen Waldes gewidmet. Die Programme der Anlagen lassen nicht zuletzt die Handwerke aus früherer Zeit bildhaft werden und geben Gelegenheit, das ländliche Brauchtum mitzuerleben.
Bräuche um die Themen Fruchtbarkeit, Erntedank oder Winteraustreiben, wie zum Beispiel die Raunächte, in denen meist junge Männer mit abschreckenden Masken umherziehen, wurzeln in vorchristlichen Kulten. Geheimnisvoll und schaurig klingt das Wolfauslassen, das in Rinchnach bei Regen veranstaltet wird. Das markerschütternde Goaßlschnalzn und laute Kuhglockengebimmle vor den Häusern im Dorf entstand aus einer handfesten bäuerlichen Gepflogenheit, und zwar veranstalteten früher die Hirten jede Menge Lärm, wenn sie auf den Waldweiden ihr Vieh vor den Angriffen von Wölfen schützen mussten. Wenn sie im Herbst die Tiere von den Sommerweiden zurück in die Ställe trieben, banden sie sich selbst Glocken um und machten den Kühen mit den Geißeln Tempo.

Aufsehenerregende Wurzeln

Pferde genossen bereits bei den Kelten große Verehrung, verliehen sie doch den teilnomadischen Stämmen beachtliche Mobilität. Dabei waren es gerade die Kelten, die, beginnend um 800 v. Chr., erstmals stadtähnliche Siedlungen

Elf Tage lang lockt das Gäubodenvolksfest in Straubing über 1,3 Millionen Besucher aus nah und fern. Integriert in das zweitgrößte Volksfest Bayerns ist die Ostbayernschau. So wird die Tradition des Gäubodenvolksfestes, das im Jahre 1812 als landwirtschaftliches Vereinsfest ins Leben gerufen wurde, weitergeführt.

bauten. In Niederbayern – nachweislich im Altmühltal, im Gäuboden und im Raum Landshut – lag eines ihrer Hauptsiedlungszentren. Dass lange Zeit davor schon um 5500 v. Chr. in den Auen des Donauraums Viehhaltung und auf den Lössterrassen einfacher Feldbau betrieben wurde, belegen vielfältige Funde. Sie werden in Museen modernsten Zuschnitts präsentiert: im Archäologiemuseum in Landau, im Quintana in Künzing (zwischen Osterhofen und Vilshofen) oder in Kelheim. Leider schickte man in der Frühzeit der archäologischen Forschung die meisten Kostbarkeiten, die die Erde mehr oder weniger zufällig preisgab, in die großen Sammlungen nach München.
Die ältesten Zeugnisse brachten Höhlen im Urdonautal, dem heutigen Altmühltal, ans Licht: das auf Elfenbein gravierte Bild eines Mammuts, etwa 50 000 Jahre alt, und in der Kleinen Schulerhöhle Felsgravierungen eines Steinbocks mit einer Falle sowie einer weiblichen Person, datiert auf 10 000 bis 15 000 Jahre vor unserer Zeitrechnung. Um 5500 v. Chr. entwickelten sich entlang der Donau Sammler- und Ackerbaukulturen, die nach den Ornamenten ihrer Keramik benannt werden, zum Beispiel Linien- oder Stichbandkeramik. Die Häuser dieser frühen Bewohner hatten erstaunliche Ausmaße, bis zu vierzig Meter lang und knapp sieben Meter breit. Die Wände bildeten mit Lehm verputztes Flechtwerk, die steilen Dächer waren mit Schilf oder Stroh eingedeckt.
Die zweite Jahrtausendwende v. Chr. kündet den Beginn der Bronzezeit an; Halsringe, Dolche, ornamentierte Nadeln und Spiralen wurden den Toten für ihren Weg im Jenseits ins Grab mitgegeben. Abermals lassen sich für diese Kulturepoche große Holzständerbauten (ähnlich den Fachwerkhäusern) nachweisen. Das vielseitig nutzbare Metall Bronze belebte den Handel. Funde von Wieseneisen im Gäuboden sowie neu erlangte Fertigkeiten in der Metallbe- und -verarbeitung förderten die Herstellung von Eisenschwertern, von Jochen und anderen Metallteilen für die Wagengespanne. Die Kelten verdienen Anerkennung als die frühen Meister der Eisenverarbeitung. Um 450 v. Chr. berichtet

der griechische Geschichtsschreiber Herodot von diesem Volk, dessen Oberschicht rege Kontakte in den Mittelmeerraum pflegte und von dort unter anderem Gold importierte. Zum Beispiel für die Herstellung von Münzen, wie man sie zu Hunderten in einem Garten bei Wallersdorf (nordöstlich von Landau) fand. Die prägefrischen „Regenbogenschüsselchen", so genannt, da es in einer bayerischen Sage heißt, ein Sonntagskind würde am Ende eines Regenbogens einen Goldschatz finden, wurden vermutlich vor einfallenden Germanen versteckt – und blieben es bis in die 1980er-Jahre.

Leben am Limes

Es war kein Zuckerschlecken für die „milites", die römischen Soldaten, die in den Limeskastellen ihren Dienst tun mussten. Passau war neben Regensburg, Castra Regina, eines der Zentren am „Nassen Limes", dort wo die Donau die natürliche Grenze der seit 15. v. Chr. entstandenen Provinz Raetien bildete. Auf den Fundamenten eines Kastells erhebt sich sinnträchtig das moderne Römische Museum Kastell Boiotro in der Dreiflüssestadt. Der fruchtbare Gäuboden versorgte in der Antike schon die Garnisonen – und bot schließlich den ab etwa 400 n. Chr. von Osten her vordringenden „Baiuaria", den „Leuten aus Böhmen", eine agrarische Lebensgrundlage. Ebenso ließen sich Thüringer, Langobarden und Franken im Donauraum des heutigen Niederbayern nieder. Auf slawische Wenden, die um 800 in der Hallertau zwangsangesiedelt wurden, gehen die dortigen „Winden"-Orte zurück.

Ruhm für Bayerns Adel: Mittelalter und Renaissance

Um das Seelenheil sorgten sich die benediktinischen Mönche im Herzogtum der Agilolfinger, die bis 788 über Bayern herrschten – ehe es ein Teil des Frankenreichs wurde.
Eine neue Identität gewann die Region, als im Jahr 1180 Kaiser Friedrich Barbarossa den Wittelsbacher Otto I. mit dem Herzogtum Bayern belehnte. Sein Sohn Ludwig der Kelheimer (1173–1231) verfolgte eine ausgeprägte Territorialpolitik, erreichte die Erblichkeit des Herzogtums und die Kurwürde über die Pfalz, sodass er zum Stellvertreter des Königs aufstieg. Diese Würde berechtigte ihn, fortan den Löwen im Wappen zu führen. Die weiß-blauen „bayerischen" Rauten aber brachte Ludwigs Gemahlin Ludmilla aus dem Geschlecht der Grafen von Bogen mit in die Ehe. Auf Ludwigs Initiative geht die Gründung der Städte Landshut (1204), Straubing (1218) und Landau (1224) zurück. Ferner leitete er eine Reform der Verwaltung ein, indem er das Herzogtum

Winterlich zeigt sich der Nationalpark Bayrischer Wald seinen Besuchern. Von dem 1373 Meter hohen Lusen hat man eine wunderbare Sicht auf die Alpen.

in sogenannte Ämter, Vorläufer der heutigen Landkreise, aufteilte. Erfolge verbuchte der energische Herrscher nicht zuletzt gegen die machtgierigen Bischöfe von Passau, Regensburg und Freising, die ihm immer wieder Ländereien streitig machen wollten. Die Passauer Veste Oberhaus signalisiert in ihrer Wehrhaftigkeit deutlich, welchen Machtanspruch die Kirchenfürsten über Jahrhunderte geltend machten.

Landshut erlebte seine Blüte als Residenzstadt unter den „Reichen Herzögen" im 15. Jahrhundert. Ludwig der Kelheimer hatte die alte „Landshuet", einen hölzernen Wehrturm zum Schutz der Land- und Wasserstraße, niederreißen lassen und den Grundstein zur Burg Trausnitz auf einem Felssporn hoch über dem Isartal gelegt. Herrschersitz wurde sie ab 1255, als die niederbayerischen Besitzungen der Wittelsbacher von den oberbayerischen und pfälzischen getrennt wurden. Im Jahr 1475 richtete Herzog Ludwig der Reiche das glanzvollste Fest aus, das Bayerns Hofhaltung je sah: die Hochzeit seines Sohnes und Thronerben Georg mit der polnischen Prinzessin Jadwiga (Hedwig). Umgerechnet mehr als etwa 13 Millionen Euro machte er locker, um die internationalen Gäste in angemessenem Rahmen über Wochen zu bewirten.

Obwohl sich das Zentrum der Macht im 16. Jahrhundert nach München verlagerte, blieb Landshut eine Stadt der Künste: Mitten in der Stadt entstand gegenüber der imposanten gotischen Backsteinkirche von St. Martin ab 1536 die erste Renaissance-Residenz nördlich der Alpen. 1578 engagierten die Burgherren auch italienische Maler, um der mittelalterlichen Trausnitz mit illusionistischen Malereien – besonders schön die Darstellungen aus der Commedia dell'Arte in der Narrentreppe – die Lebensfreude der Renaissance einzuhauchen. Nach dem Augsburger Religionsfrieden von 1555 verfügte Herzog Albrecht V. den katholischen Glauben zum Bekenntnis seiner Untertanen – nur der Graf von Ortenburg, reichsunmittelbar in seinem Status, konnte seinen protestantischen Standpunkt manifestieren.

Barocke Höhenflüge der Kunst

Während des Dreißigjährigen Krieges (1618 – 1648) zogen auch durch Ostbayern die schwedischen Heere brandschatzend und plündernd, Gustav Adolf besetzte Landshut. Die Pestepidemien der Jahre 1634, 1648 und 1649 verschlimmerten das Leid der Bevölkerung, die in der Religion Zuflucht suchte. Wallfahrten erlebten einen nie gekannten Zulauf. Auch die Spenden aus dem Volk halfen, die prachtvollen Wallfahrts-, Dom- und Pfarrkirchen zu finanzieren. Die allmähliche Gesundung des Landes spiegeln die vielen kleinen Schlösser des Landadels, der sich in barocker Pracht gerne selbst darstellt. Nur die Waldgebiete des Bayerischen Waldes blieben bis zum Beginn der Industrialisierung fernab der wirtschaftlichen Entwicklung. Die Glasbläserei brachte den Hüttenarbeitern keine Reichtümer ein, noch weniger die Schnapsbrennerei.

Barock und Rokoko waren die letzten Kunstströmungen, die selbst noch in Dörfern künstlerische Akzente setzten. Der Klassizismus erwies sich als eine Kunst des seit 1806 bestehenden Königshauses, der Jugendstil kam nur in der Kleinkunst zum Tragen. Die Kapazität der zeitgenössischen Architektur repräsentieren vor allem Museumsbauten, beispielsweise das römische Museum Quintana bei Künzing.

Die Literatur stand diesen Höhenflügen der bildenden Kunst immer nach, auch wenn ein Wolfram von Eschenbach am Hofe altbayerischen Adels weilte. Der Österreicher Adalbert Stifter (1805–1868) war gefangen vom Zauber des Waldes und der Bergwelt im Bayerischen Wald, dem „Land der Stille“. Erst in der Neuzeit ist Niederbayern authentisch zu Wort gelangt, misst es sich national auf Kabarettbühnen und im Genre Film. Es begann mit Walter Landshuter, der 1977 in der Passauer Altstadt das „Scharfrichterhaus“ eröffnete: mit einem damals geradezu revolutionären Programm scharfzüngiger, politisch-literarischer Querdenker. Auch ein junger Hape Kerkeling stellte sich dort noch schüchtern einer kritischen Jury beim Talentwettbewerb – und gewann. In Niederbayern geborene Kabarettisten vom Kaliber eines Bruno Jonas, Ottfried Fischer oder Sigi Zimmerschied beleuchten zynisch-schonungslos verkrustete politische Strukturen, die Rolle der Kirche und natürlich die Seilschaften der Konzerne und Lokalpolitiker, um im „Woid“ ihren Reibach zu machen.

Europas neue Mitte

Was mit dem Fall des Eisernen Vorhangs begann, findet derzeit seine Fortführung durch die Osterweiterung der EU: Niederbayern definiert sich mit Standortvorteilen neu und vor allem

Auf dem Wanderweg von Bodenmais hinauf zum Gipfel des Großen Arbers erreicht man in nur einer halben Stunde die Rißlochfälle. Da sich der Weg an den Fällen entlang durch den Wald bergauf zieht, erlebt man die Fälle aus den unterschiedlichsten Blickwinkeln.

die Region des Bayerischen Waldes tritt aus dem Hinterwäldlerdasein heraus, rückt in ein freundliches Licht als attraktive Urlaubsregion, unter anderem als Trittstein nach Tschechien. Auf dem Grünen Dach Europas ist der Blick nach Osten nicht mehr abgeschottet. Der Tourismus gehört mittlerweile zu den Haupterwerbsquellen im strukturschwachen Bayerischen Wald. Auch im Bäderdreieck Bad Birnbach, Bad Griesbach und Bad Füssing belebt der wachsende Fremdenverkehr den Arbeitsmarkt. Auf dem industriellen Sektor, der seit der Erschließung des Gebietes durch die Bahn Ende des 19. Jahrhunderts wesentliche Impulse empfing, erlangten die Bayerischen Motorenwerke (BMW) mit den Werken in Landshut, Dingolfing und Regensburg eine Vorrangstellung. In der prosperierenden Glasindustrie hingegen hat die Technisierung viele Arbeitsplätze gekostet.

Seite 22/23:
Passau: Das südliche Innufer säumt die Innstadt, überragt vom Kapuzinerkloster mit der Wallfahrtskirche Mariahilf im frühen Renaissancestil.

Seite 24/25:
Kleine Ausflugsschiffe tuckern von Weltenburg flussabwärts durch das Donaudurchbruchstal, eine spektakuläre Flussenge zwischen teilweise senkrecht abfallenden Kalksteinwänden.

INNSTAD

Renate

Zwischen Jura-Kalk und Großer Laaber – Niederbayerns Westen

Nur wenige Schritte von der Isar entfernt, in der Altstadt von Landshut, befindet sich die dreischiffige Hallenkirche Heiliggeist. Nach den Plänen des Hans von Burghausen wurde die Spitalkirche in den Jahren 1407 bis 1461 erbaut.

Durch Niederbayerns westliche Landschaften zu fahren heißt, sich auf eine Zeitreise zu begeben, Jahrmillionen zurückzublicken in Zeitalter, als die Urdonau durch das Altmühltal floss und dort Steinzeitmenschen das Mammut jagten – ihre frühesten Spuren gab die Tropfsteinhöhle Schulerloch bei Essing preis. Zwar hat die untere Altmühl durch den Ausbau für den modernen Schiffsverkehr ein Stück ihrer Ursprünglichkeit verloren, stolz wie ehedem aber recken sich die Burgen an den Steilufern bei Riedenburg. Im Tal der Donau begegnet man einer der frühesten Klostergründungen der Region, der Benediktinerabtei Weltenburg mit der ältesten Klosterbrauerei der Welt. Und Weltenburg macht mit der Kunst der Asam-Brüder bekannt. Die Kirche ist ein Musterbeispiel barocken Lebensgefühls und der gloriosen Inszenierung religiöser Themen. Auch in der Klosterkirche Mariä Himmelfahrt in Rohr haben sich Cosmas Damian und Egid Quirin Asam ein Denkmal gesetzt. Ein imposantes Mahnmal ganz anderer Art ließ König Ludwig I. hoch über dem Zusammenfluss von Altmühl und Donau setzen: die Befreiungshalle von Kelheim zum Gedenken an die Befreiungskriege, vor allem die Völkerschlacht bei Leipzig im Jahr 1813. Wenden wir uns den leiblichen Genüssen zu. Abensberg wurde zum Synonym für erstklassigen Spargel, in Bad Gögging frönt man der Badekultur wie zu römischer Zeit und die Hallertau – eines ihrer zentralen Marktstädtchen ist Mainburg – hat sich seit dem 19. Jahrhundert dem Hopfen und der Braukunst verschrieben. Lange bevor es im 19. Jahrhundert unter König Ludwig I. zur Hauptstadt des bayerischen Kreises (und heutigen Regierungsbezirks) Niederbayern erhoben wurde, konnte sich Landshut stolze Herzogsresidenz nennen. Verkörpert Burg Trausnitz mittelalterliche Burgentrutzigkeit, so versprüht die Stadt selbst historisches Flair und zeitgeistige Lebendigkeit. Das Ensemble der gotischen und barocken Häuser im Schatten von St. Martin bildet nicht zuletzt eine prachtvolle Kulisse, wenn alle vier Jahre der Hochzeitszug des Herzogssohnes Georg und seiner Vermählten Hedwig durch die Altstadt zieht.

Seite 28/29:
Dreiburgenstadt heißt das Altmühlstädtchen Riedenburg nicht von ungefähr. Den Bergrücken oberhalb des Stadtkerns bekrönt die Rosenburg. Nur noch Ruinen blieben von den Burgen Rabenstein unterhalb der Rosenburg und Tachenstein erhalten.

Rechts:
Kloster St. Anna in Riedenburg, – der Chor der Kirche datiert aus dem 14. Jahrhundert – ist seit dem 19. Jahrhundert bekannt als regionales Schulzentrum.

Rechte Seite oben:
Wie eine langgezogene, doppelte Welle spannt sich Europas längste Holzbrücke bei Essing über den Main-Donau-Kanal.

Rechts:
An den Ufern des Altmühlaltwassers, wie hier bei Gundlfing/Riedenburg, finden Wanderer und Angler noch die Idylle des Altmühltals vor dem Ausbau des Main-Donau-Kanals.

Rechte Seite unten:
Im Urtal der Donau entdeckte man beim Bau des in seinem letzten Abschnitt 1992 eröffneten Main-Donau-Kanals bei Eggersberg ein bedeutendes keltisches Gräberfeld. Die Funde, darunter kostbare Gewandfibeln und ein Bronzegürtel aus dem 7. bis 6. Jahrhundert v. Chr., sind im Hofmark-Museum auf Schloss Eggersberg zu sehen.

KELHEIM

Unten:
Den Wittelsbachern, vor allem Ludwig I., dem Kelheimer, verdankte Kelheim als Herzogsresidenz seinen Aufstieg und die bauliche Entwicklung im 13. Jahrhundert. Der Meuchelmord an Herzog Ludwig im Jahr 1231 – der Hauptplatz wurde nach dem großen Sohn der Stadt benannt – veranlasste das Adelsgeschlecht, seinen Sitz nach Landshut zu verlegen.

Bilder rechts: „Den teutschen Befreiungskämpfern“ vom napoleonischen Joch wollte Bayernkönig Ludwig I. mit der Befreiungshalle bei Kelheim ein monumentales Denkmal setzen. Unter Friedrich von Gärtner begonnen wurde die Gedenkstätte nach dessen Tod von Leo von Klenze 1863 vollendet. Die 18 weiblichen Statuen an der Außenwand stehen für die an der Völkerschlacht beteiligten deutschen Volksstämme, die 34 Siegesgöttinnen im Innern repräsentieren die deutschen Staaten nach der napoleonischen Fremdherrschaft.

Rechte Seite:
Es heißt zwar Donaudurchbruchstal, aber bevor die Donau in der Rißeiszeit ihr altes Bett im heutigen Altmühltal verließ und ihren Lauf in Richtung Süden verlegte, hatten schon ihre Nebenflüsse die Hauptarbeit im Fels geleistet. 180 Meter tief hatten sie den Jurakalk bereits ausgehobelt, ganze zehn Meter nur schnitt sich die Donau weiter ins Gestein.

Weltenburger Enge nennen die Geologen auch den Donaudurchbruch flussabwärts des Klosters Weltenburg, und lustige Namen wie Bayerischer Löwe, Bischofsmütze oder Stille Wand hat der Volksmund für die bizarren Jurakalkfelsen erdacht, durch die sich die Donau und vor ihr schon ihre Nebenflüsse geschnitten haben.

Schroffe Felswände im Norden, eine weite, sanft geneigte Kiesfläche im Süden: So kontrastreich und wildromantisch präsentiert sich die Uferlandschaft in der Weltenburger Donauschleife unmittelbar vor dem Kloster.

Linke Seite:
Man erreicht es nur zu Fuß oder mit dem Schiff: Weltenburg – Bayerns ältestes Kloster. Die Niederlassung der Benediktiner geht auf eine Klause iro-schottischer Wandermönche im 7. Jahrhundert zurück, 1050 verzeichnet die Chronik erstmals Brauaktivitäten. Damit ist die heute noch für ihre Biere bekannte Abtei die älteste Klosterbrauerei der Welt.

Links oben und unten:
Das Spiel mit dem trügerischen Schein trieben die Gebrüder Egid Quirin und Cosmas Damian Asam schon bei ihrem ersten Großauftrag. In der barocken Abteikirche von Weltenburg (begonnen 1716) wird der Blick geradezu magisch von einem Himmelsgewölbe in der Mitte des Deckenovals angezogen. Als schmunzelnder Kommentator im roten Frack lehnt sich Cosmas Damian Asam über die Balustrade, zweifelnd, ob die Betrachter seine malerische Fiktion einer Kuppel auf flacher Decke entdecken werden.

Der Weissbierspezialist aus Abensberg

Linke Seite oben:
Das „Bad“ durfte sich Gögging erst 1919 ans Revers heften, aber schon um 110 n. Chr. badeten hier die Römer. Dass einst auf dem Areal des heutigen Kurzentrums die Bauern ihre Schafe und Gänse grasen ließen, daran erinnert der moderne Gänseliesel-Brunnen.

Links:
Kein anderer Ort in Bayern besitzt ältere Stadtrechte als Neustadt an der Donau – verliehen von Herzog Ludwig II. anno 1273. Von der Stadtmauer überdauerten nur wenige Reste die Jahrhunderte. Das ehemalige Mauthaus wurde wie viele andere Bauten nach den Zerstörungen des Zweiten Weltkriegs rekonstruiert.

Links:
Den gotischen Stil des Rathauses aus dem 15. Jahrhundert kopierten die reichen Bauern, die ihre „Ackerbürgerhäuser“ prächtigst ausstatteten. Dieses 1935 errichtete Wohngebäude illustriert die Verleihung der Stadtrechte.

Linke Seite unten:
Erholung pur verspricht die Limes-Therme in Bad Gögging: 1300 Quadratmeter Wasserfläche, eine Römersauna und verschiedene Wellnessbereiche. Die Thermalquellen entdeckte man erst bei Tiefbohrungen Mitte der 1970er-Jahre, die Nutzung der Schwefelquellen hat hingegen seit der Römerzeit Tradition.

Rechte Seite:
Im Jahre 1717 erhielt Egid Quirin Asam den Auftrag für die Klosterkirche von Rohr in Niederbayern. Höhepunkt dieses Gesamtkunstwerks des Rokoko ist der Hochaltar mit der Himmelfahrt Mariens, der vor allem durch die Lichtführung Dramatik und Leichtigkeit zugleich gewinnt.

Rechts:
Die vielen Feldkreuze und Kapellchen spiegeln auch heute noch die Religiosität der Menschen wider.

Ganz rechts:
Ein heiliger Markus, der, an den Löwen gelehnt, lässig die Beine baumeln lässt und das Evangelium hält: Nur selten gelingt einem Künstler eine solche Eleganz der Darstellung wie Egid Quirin Asam an der Kanzel der Klosterkirche von Rohr in Niederbayern.

Rechts:
Nach der Säkularisation von 1803 diente auch das gotische Karmelitenkloster in Abensberg weltlichen Zwecken. Die Restaurierung des Kreuzgangs in den 1960er-Jahren schuf neuen Raum für das großzügige Aventinus-Museum.

Seite 42/43:
In den weiten Ackerflächen des Laabertals ist die Wallfahrtskirche Mariä Opferung markanter Wegweiser nach Laaberberg. Das Gotteshaus wurde 1703 im Stil des Barock errichtet, aus früherer Zeit stammt das Gnadenbild am Hochaltar.

VNA
COLUMBA VENI
CAPE TRINA INSIGNIA
NAMQUE
VNIUS ET TRINI ES
FILIA, SPONSA
PARENS.

Oben und ganz rechts:
Abensberg kann mit einer zauberhaften Innenstadt und einer alten Ringmauer, deren Bausubstanz aus dem Jahr der 1348 stammt, aufwarten. Der Allgemeinheit bekannt ist der Ort heute durch exzellenten Spargel und als nördliches Tor zur Hallertau.

Rechts:
Das Wahrzeichen der Brauerei Kuchlbauer in Abensberg. Der Kuchlbauer-Turm, auch Hundertwassertrum, wurde von Friedensreich Hundertwasser geplant und erstmals 2010 für Besucher geöffnet. Innen wie außen ist der Turm eine Huldigung an das bayrische Bier und die Braukunst.

Oben:
Im fruchtbaren Tal der Großen Laaber liegt der alte Hallertauer Marktort Langquaid. Die stattlichen Ackerbürgerhäuser entlang der breiten Marktstraße sind Zeugnisse bäuerlichen Wohlstands.

Links:
Früh schon mit Marktrechten ausgestattet, war Mainburg über Jahrhunderte vielfach in kriegerische Auseinandersetzungen verwickelt. Eine Periode des Wohlstands setzte erst im 19. Jahrhundert mit der Ausweitung des Hopfenanbaus ein. Lange befand sich vor dem stattlichen Rathaus die Hopfenwaage, und unter den Arkaden konnten die Säcke mit dem „grünen Gold“ gleich gestapelt werden.

Grünes Gold und weisse Spitzen – Hallertauer Tafelkonfekt

Selbst die Bierbrauer in Mexikos Bierstadt Monterrey kennen die Hallertau und stimmen wahre Lobeshymnen auf die Qualität des dort gezogenen Hopfens an. Rund 35 Kilometer nördlich von München beginnt das weltweit größte zusammenhängende Hopfenanbaugebiet. Die Holledau, wie die Einheimischen ihre Heimat nennen, ist eine so liebliche wie im Winter geradezu bizarr wirkende Landschaft – als hätten Christo und Jeanne-Claude ihre Installationen in Holz und Draht auf Hügeln und Hängen realisiert. Erst im 19. Jahrhundert hat sich der kleinbäuerliche Streuhopfenbau der Hallertau zur großflächigen Kultur gewandelt. Damals wurden den Anbaubezirken sogenannte Siegel für den qualitativen Status der grünen Dolden zuerkannt. Im Mittelalter noch lag der Hopfenmarkt in den Händen der norddeutschen Hansekaufleute, waren Spalt in Mittelfranken und das Elbe-Saale-Gebiet führend im Anbau. Der Weg vom Hopfen zum Bier ist ein kurzer. Wo „Humulus lupulus L." (aus der Familie der Hanfgewächse) gedeiht, erbringen auch Weizen beziehungsweise Gerste gute Erträge. Neben Wasser sind sie die weiteren Hauptbestandteile des Biers und mitverantwortlich für die nennenswerte Brautradition, die die Hallertau lange Zeit ausgezeichnet hat. Einst reichten im Süden die Hopfengärten bis Weihenstephan, wo die älteste Brauerei der Welt steht. Im Jahre 1040 mit Erhalt des Schankrechts begannen die Benediktinermönche hier die Bierproduktion. Bevor Carl von Linde eine neue Art der Kühlung erfunden hatte, war das leicht alkoholische Gebräu ein Getränk des Winters. Unabhängig davon, dass das Märzenbier das Weniger an festen Nahrungsmitteln während der Fastenzeit ausgleichen sollte, war es der letzte Sud vor der Sommerbraupause, musste also besonders stark sein, um entsprechend lange zu halten. Denn mit steigenden Temperaturen begannen die zur Isolierung in Stroh gepackten Natureisstangen in den Kühlkellern allmählich dahinzuschmelzen.

Die moderne Kühltechnik ermöglicht das Bierbrauen beziehungsweise die erforderliche Lagerung das ganze Jahr über. Im Hopfenanbau hat die Mechanisierung sowohl das Beackern der „Felder" wie auch die Ernte maßgeblich erleichtert. Wo früher Heerscharen von Hopfenzupfern die Reben von den Seilen schnitten und die Dolden zupften, schneidet heute eine „Hopfenreißer" genannte Maschine die Rebe unten samt Draht ab, reißt sie oben von den Querdrähten und schiebt sie auf den Wagen. In riesigen Tennen werden dann die Dolden mechanisch gezupft, anschließend getrocknet und verpackt. Das pulverartige Hopfenmehl aus den Dolden, der eigentliche Bierwürzstoff, gelangt als Extrakt oder Pellets in den Handel.

Festschmaus für Gourmets

Tradition verbindet sich auch mit dem Hopfenspargel, den bleistiftdünnen Trieben der Kletterpflanze, die ab Mitte März für drei bis vier Wochen auf den Karten einiger Restaurants auftauchen. Noch heute werden nur drei Triebe pro Pflanze an einem Draht hochgezogen, die anderen ausgeschnitten. Lange weggeworfen erlebt die Salat- und Gemüsedelikatesse derzeit eine Renaissance.

Spargelmengen einer ganz anderen Kategorie und Menge liefern die sandigen, nährstoffreichen Böden rund um Abensberg. Auf 270 Hektar Fläche wird seit knapp 90 Jahren das zunehmend begehrte Gemüse angebaut. Schon der römische Konsul Cato d. Ä. beschrieb in seinem Lehrbuch der Landwirtschaft das kalorienarme Gemüse als „Schmeichelei für den Gaumen" und auch Geheimrat Johann Wolfgang von Goethe widmete sich in seinem Weimarer Garten höchstselbst der Verbesserung der verwil-

Links oben: Da das Sonnenlicht die Triebe von Asparagus officinalis L. lila färbt, sind die frühen Stunden die Zeit der Ernte des weißen Spargels.

Links: Als „eine Schmeichelei für den Gaumen" hat schon der römische Konsul Cato d. Ä. die feinen Spargeltriebe bezeichnet, die zu 95 Prozent aus Wasser bestehen.

derten Spargelbeete. Die Zeit des Stechens ist der frühe Morgen, je nach Witterung von Anfang oder Mitte April bis zum 24. Juni, dem Fest des heiligen Johannes. Über Hunderte von Metern spannen sich heute Planen über die Erdwälle (wie beim Hopfen Bifang genannt) und halten unter anderem die Spitzen von Asparagus officinalis L. weiß, ein wenig Sonnenlicht färbt sie zartlila und intensiviert den Geschmack.
Eine andere Sorte Spargel ist der grüne Spargel, der ohne Wälle gezogen wird. Ungeschält wird er ähnlich wie der weiße Spargel klassisch mit Butter oder cremigen Saucen und Schinken zum Festschmaus für Gourmets.

Oben:
Maschinen erledigen heutzutage viele Arbeiten im Hopfenanbau, das sogenannte Anleiten aber, das Drehen der drei Hopfentriebe um den Draht, ist nach wie vor Handarbeit.

Rechts oben:
Je nach Wetterverhältnissen und Sorte sind die Dolden ab Ende August erntereif. Geschnitten werden Aufbindedraht und Reben zusammen von einer Maschine, eine andere rupft dann auf dem Hof die Dolden ab.

Rechts Mitte:
Wegen der eingeschränkten Kühlmöglichkeiten war Bier früher ein Lebensmittel der kühlen Jahreszeiten. Längst ist der Gerstensaft ein Ganzjahresgetränk geworden.

Rechts:
Bis zu sieben Meter hohe, dichte grüne Hopfenvorhänge begleiten die Landstraßen in der Hallertau, dem mit 14 000 Hektar größten zusammenhängenden Hopfenanbaugebiet der Welt.

Seite 48/49:
Die Pfarr- und Stiftskirche St. Martin prägt nicht nur das Stadtbild von Landshut, sondern zählt auch zu den bedeutendsten Bauwerken der Gotik in Süddeutschland.

Rechts:
Noch im 19. und 20. Jahrhundert als Postamt genutzt und daher als „Alte Post“ bekannt, war das Landschafts- oder Landständehaus in Landshut ursprünglich Versammlungsort von Bürgerschaft, Geistlichkeit und Adel. Ab 1599 entstand an der Fassade eine gemalte Galerie der bedeutendsten Persönlichkeiten des Hauses Wittelsbach.

Unten:
Ludwig X. von Bayern zog es 1536 von seiner Burg Trausnitz in die Stadt, wo er sich eine Residenz errichten ließ. Eine Reise nach Oberitalien inspirierte ihn, einen Hof mit dem „italienischen Bau“ anzugliedern.

Oben:
Erhaben und luftig wirkt das in seiner Statik geniale Langhaus von St. Martin in Landshut. Die drei gleich hohen Schiffe zeichnen den Bau als gotische Hallenkirche aus, die Grundsteinlegung erfolgte 1387.

Ganz links:
Der Turm der Landshuter Martinskirche ist ein Fall für das Guinnessbuch der Rekorde, denn mit seinen 131 Metern Höhe ist er der höchste Backsteinturm der Welt.

Links:
Prachtvolle Fassaden aus Gotik, Renaissance und Barock säumen den bis heute als Markt genutzten Straßenzug „Altstadt" in Landshut von St. Martin bis zur Heiliggeist-Kirche.

Sie war das größte und teuerste Fest des ausgehenden Mittelalters: Die Vermählung von Georg, dem Sohn des Bayernherzogs Ludwig des Reichen, mit der polnischen Prinzessin Jadwiga im Jahr 1475. In Kostümen nach alten Vorlagen feiert Landshut seit 1903 alle vier Jahre die „Landshuter Hochzeit". Mittelalterliches Lagerleben findet dann an der Isar statt und auf der Wiesmahd, wo einst der Bräutigam seine Jadwiga begrüßte, endet der prunkvolle Hochzeitszug mit 2000 Teilnehmern. Im Zentrum steht natürlich der Wagen der Braut. Jadwiga ist es auch, die dem Sieger der Turnierritter den Ehrenpreis verleiht.

Seite 54/55: Direkt am Inn liegt die im 10. Jahrhundert von den Landesherren errichtete ehemalige Benediktinerabtei Vornbach. Das über 800 Jahre lang bestehende Kloster erlangte seine Bedeutung unter anderem durch seine Schreibschule.

Beim Festspiel im Rathaus erleben die Besucher in einem komödienhaften Spiel Etappen der Reise der jungen Prinzessin im Herbst 1475. Beginnend in Krakau führte sie über Berlin, Wittenberg und Nürnberg. Erst nach zwei Monaten, während derer der Tross auch Pestgebiet passieren musste, traf Jadwiga mit Verspätung in Landshut ein. Für die heutigen Teilnehmer, vor allem für die Männer, beginnen die Vorbereitungen lange vor dem Fest, denn mindestens gut kinnlanges, am besten schulterlanges Haar ist Pflicht!

Oben:
In die erste Hälfte des 16. Jahrhunderts fällt der Bau des Renaissanceschlosses im niederbayerischen Neufahrn, das 1123 erstmals urkundlich erwähnt wird.

Rechts:
Schloss Neufahrn in Niederbayern litt schwer unter den Plünderungen des Dreißigjährigen Krieges, ging im 17. Jahrhundert in den Besitz der Grafen von Arco über, kam später in die Hände des Grafen von Montgelas, der sich 1820 um die Neuordnung des Königreichs Bayern verdient machte. Zeitweilig vom Verfall bedroht, empfangen heute die Gewölbe des zum Hotel umgewandelten Anwesens zu genussvollem Speisen und Übernachten.

Links:
Das Original dieses Apollos schmückt – in Stein gehauen – das Giebelfeld über dem Säulenportal des Münchner Nationaltheaters. Sein Meister, der aus Velden stammende Georg Brenninger (1909–1988), hinterließ seiner Heimatstadt den Bronzeguss des römischen Gottes der Künste.

Unten:
Ähnlich wie München seine Entwicklung einer Isarbrücke verdankte, gab die Lage des Dorfes Pipurch, heute Vilsbiburg, an einem Flussübergang, hier die Vils, den Ausschlag für den Ausbau. Zur Sicherung der Handelsstraße von Burghausen nach Landshut ließen die Wittelsbacher Herzöge den Ort befestigen.

Altes Bauernland, junge Thermen – vom Gäuboden zum Inn

Mehrere Türme, darunter der Stadtturm am Marktplatz und der Turm von St. Jakob, prägen die Silhouette der Stadt Straubing.

Im Land zwischen Donau und Inn gaben die Flüsse seit Jahrtausenden die Verkehrs- und Handelswege in Ostwestrichtung vor und damit an Furten und Brücken die Punkte für die Siedlungsentwicklung. Die Archäologen können für die Jahrhunderte vor der Zeitenwende eine befestigte Ringwall-Siedlung der Kelten belegen, und zwar einige Kilometer donauabwärts der heutigen kreisfreien Stadt Straubing. Die keltische Sesshaftigkeit gründete sich auf Landbestellung, welche später die Römer zur Versorgung ihrer Limeslager, darunter Sorriodurum (Straubing) und Quintanis (bei Künzing), intensiv fortführten. Großartige Funde jener Zeit bilden die Attraktionen der Museen in Straubing, Landau an der Isar und in Künzing.
Wie noch eine ganze Reihe von bedeutenden Städten und Märkten bis hinunter an den Inn geht Straubing auf eine Gründung der Wittelsbacher zurück. An dieses Adelshaus, konkret an Albrecht III., den Sohn des Herzogs Ernst von Bayern, war das tragische Schicksal der Agnes Bernauer geknüpft. Jenem heimlich, aber nicht standesgemäß angetraut, wurde sie im Jahr 1435 auf Befehl des Bayernherzogs in der Donau ertränkt. Historische Wurzeln hat auch das größte Volksfest Niederbayerns in Straubing. Es hat seinen Ursprung in einem 1812 erstmals veranstalteten Landwirtschaftsfest mit Pferderennen und Zuchtschau. Heute sind seine Bierzelte und Fahrgeschäfte so beliebt wie die Erträge der Gäubodenfluren opulent.
Ob Landau, Dingolfing, Vilshofen, Eggenfelden oder Pfarrkirchen, sie alle tragen ihren als Handelszentrum etablierten Status auf einem langgestreckten Marktplatz, umrahmt von Häusern mit schmucken Blendfassaden, zur Schau. Landgemeinden und Klöster schmückten sich vor allem nach dem Dreißigjährigen Krieg mit barocken Zwiebelturmkirchen und Landadelige ließen ihre Schlösschen dekorativ umgestalten. Das Bäder-Dreigestirn Birnbach, Griesbach und Füssing begann dagegen erst in den 1970ern zu strahlen, als heilkräftige heiße Quellen in neue, schicke Badetempel sprudelten. Mehr Wasser, als den Bewohnern manchmal lieb ist, strömt durch Passau, wenn die Pegel von Donau, Inn und Vils in die Höhe schnellen. Die Fürstbischöfe förderten die Pracht der Stadt, in der rund um den mächtigen Dom eine südländisch verwinkelte Altstadt die Besucher in ihren Bann schlägt.

Mit den reichen Erträgen des Gäubodens lag es nahe, dass Straubing ein Erntefest mit Landwirtschaftsschau veranstalten wollte – dem König Max I. 1812 seine Zustimmung erteilte. Ähnlich dem Münchner Oktoberfest hat sich hier ein turbulentes elftägiges Volksfest mit den neuesten Fahrgeschäften entwickelt.

1,3 Millionen Besucher strömten 2013 zum Gäubodenfest. Viele von ihnen tragen noch Dirndl oder Lederhosen beziehungsweise Trachtähnliches. Und in den sieben Zelten hört man dann beileibe nicht nur Niederbayerisch, wenn an den langen Tischen zu Steckerlfisch und Braten der Gerstensaft durch die Kehlen rinnt – abends sogar länger als beim Münchner Oktoberfest.

Oben:
Mag Dingolfing am Marienplatz noch die Erinnerung an den Ort der mittelalterlichen Landtage erwecken, so ist die Stadt doch seit mehreren Jahrzehnten geprägt vom Automobilbau, vor allem seit 1973. Damals baute BMW eine Fertigungsstraße auf. Bis zu 1500 Fahrzeuge laufen hier täglich vom Band.

Rechts:
Auf einer Anhöhe über der Isar liegt der alte Kern von Landau an der Isar, 1224 von Herzog Ludwig dem Kelheimer gegründet. Aus dieser Zeit stammen die Fundamente der Pfarrkirche Mariä Himmelfahrt, barocke Baumeister ließen sie später zum Wahrzeichen der Stadt werden.

Links:
Zur 625-Jahrfeier der Marktrechte im Jahr 2003 konnte Osterhofen im Donautal unter anderem die großzügige Neugestaltung des Marktplatzes vor dem Rathaus (mit Heimatmuseum) abschließen.

Unten:
Als Kleinod des Rokoko überrascht in Osterhofen-Altenmarkt die Pfarrkirche St. Margaretha. Von außen lässt der Bau kaum die Pracht des Innenraums erahnen. Die Gebrüder Asam – Egid Quirin Asam bei der plastischen Ausgestaltung und Cosmas Damian in den Fresken und Bildwerken – boten hier ihre ganze Kunstfertigkeit auf. Das Porträt des letzteren findet sich unter der Westempore.

Linke Seite: Mit seinen Zwiebelturmhauben wirkt es barock, und dennoch sind gerade mal hundert Jahre seit der Gründung des Klosters Schweiklberg hoch über Vils und Donau bei Vilshofen vergangen. Erst ab 1904 entstand die Niederlassung der Missionsbenediktiner auf dem Gelände des bereits im 13. Jahrhundert urkundlich erwähnten Schweiklguts.

Vilshofens bajuwarische Wurzeln reichen bis ins 8. Jahrhundert zurück. 1345 verlieh Kaiser Ludwig der Bayer dem Markt am Zusammenfluss von Vils, Wolfach und Donau das Stadtrecht.

Die Politik braucht Publikum und so nutzten einige Parteien erstmals anno 1893 Vilshofens traditionellen Hauptviehmarkt am Aschermittwoch als Forum für ihre Anliegen. Seit dem Zweiten Weltkrieg rückt der Politische Aschermittwoch die niederbayerische Kleinstadt mit ihrem markanten Stadtturm einmal im Jahr in den Mittelpunkt des deutschlandweiten Interesses.

Rechts:
Die Landschaft bei Mariakirchen liegt im Isar-Inn-Hügelland. Ob zu Fuß auf zahlreichen Wanderwegen oder per Fahrrad auf dem Kollbachtalradweg, lässt sich die Umgebung wunderbar erkunden.

Rechts, ganz rechts und rechte Seite:
Das Kloster Aldersbach wurde 1146 gegründet und mit ihm die Kirche Mariae Himmelfahrt errichtet (rechte Seite). Zur prunkvollen Innenausstattung der Kirche gehört unter anderem der Hochaltar aus dem Jahr 1723. 88 Engel umgeben über dem Altarbild die Dreifaltigkeit (rechts). Stille und Ruhe strahlt der barocke Kreuzgang aus. Durch die schlichten Fensterbögen geht der Blick in den wunderschönen Klostergarten (ganz rechts).

Ganz links:
Die Renaissance war den Baumeistern des Wasserschlosses Mariakirchen Mitte des 16. Jahrhunderts gestalterisches Vorbild. Erst der in alles Mittelalterliche vernarrte Historismus dekorierte die Türme mit funktionslosen Zinnen.

Links:
Mit einem stattlichen Bau im Stil der Gotik beauftragte der Kirchenmaler Georg Haberland seinen Architekten, als er sich 1870 am Stadtplatz von Eggenfelden niederlassen wollte.

Linke Seite:
Den Reichsgrafen von Closen verdankt das im Rottal gelegene Arnstorf seine Schlösser. Noch wie zur Zeit seiner Erbauung zwischen dem 15. und 17. Jahrhundert umringt ein Wassergraben das Obere Schloss.

Ganz links:
Im Landkreis Rottal-Inn findet man viele idyllische Flecken, wie die Rahmühle bei Ering.

Links:
Seit ihrer Vollendung im Jahr 1715 beherrschen die Zwiebeltürme am Gartlberg die Silhouette von Pfarrkirchen. Ein Gnadenbild der Schmerzhaften Muttergottes zog nach einem vermeintlichen Wunder 1660 wahre Scharen von Pilgern an, sodass der Bau einer großen Wallfahrtskirche notwendig wurde.

Bodenständig volkstümlich – Feste in Niederbayern

Ein Blick auf den Festekalender offenbart unmissverständlich: Im katholischen Niederbayern bestimmt ein Himmel voller Heiliger schon lange das Festgeschehen. Allen voran erfährt Sankt Leonhard große Verehrung als „Zuständiger" in allen bäuerlichen Anliegen, als Schutzheiliger der Fuhrleute, Schmiede und Stallknechte, als Patron des Viehs und vor allem der Pferde. Mit dem am 6. November begangenen Fest des „bayerischen Herrgott", wie man ihn bisweilen nennt, verbindet sich ein vielfältiges Brauchtum. Vom pferdenarrischen Rottal bis in den Bayerischen Wald hinein sind die Leonhardiritte und Gottesdienste im Freien mit anschließender Segnung der prächtig herausgeputzten Pferde alte Tradition. Zum geselligen Teil des Festes gehört in einigen Orten das eigentümliche „Würdinger-Schutzen". Eiserne Tierfiguren als Votivgaben für Sankt Leonhard darzubringen war allseits gängiger Brauch. Wahre Kraftakte müssen die Männer nun vollbringen, wenn sie sich im Werfen der Würdinger messen, zentnerschwerer, plumper Eisenfiguren in der Gestalt von Menschen und Tieren.

In Sankt Englmar im Bayerischen Wald ist der Ortspatron Anlass für eine viel besuchte „Prozession" zu Pfingsten: das Englmarisuchen. Gekleidet wie Jäger, Knechte und sogar Adlige im ausgehenden 19. Jahrhundert, ziehen zahlreiche Männer mit Pferden durch das Dorf hinauf zum Kapellenberg. Dort suchen sie im Wald nach dem Leichnam des seliggesprochenen Eremiten, der angeblich im 12. Jahrhundert von seinem Gefährten aus Neid erschlagen wurde. Sie betten ihn auf ein von Ochsen gezogenes Fuhrwerk und kehren schließlich nach einer Feldmesse mit großer Prozession zur Kirche zurück.

Im Englmarizug läuft seit einigen Jahren der Pfingstl mit, obwohl er nichts mit dem heiligen Mann zu tun hat. Die wie eine wandelnde Tanne aussehende Figur entstammt einem alten Fruchtbarkeits- und Wasserkult um den sogenannten Grünen Georg. Von jeher galt Grün als Symbol der Fruchtbarkeit, und so zieht der Pfingstl in einigen Gegenden mit seinen Knechten von Haus zu Haus und erhält für die dargebotenen Scherzverse kleine Geschenke. Ähnlich ergeht es – gleichfalls zu Pfingsten – den Wasservögelsingern im mittleren und unteren Bayerischen Wald. Nur dass sich die Gruppe der jungen Männer nach ihrem Versvortrag noch auf eimerweise Wasser (wiederum ein Symbol der Fruchtbarkeit) gefasst machen muss. Daher trägt die „Schar" heute schon Regenmäntel – ihr Vorsänger ebenso wie der Eierkater, der die Spenden, früher vielfach Eier, entgegennimmt, und der Kirmträger, der sie im Korb auf dem Rücken transportiert. Bis die muntere Truppe wieder im Dorfgasthaus ankommt und dort zum nächtlichen Schmaus kräftig Freibier durch die Kehlen rinnt.

Festliche Traditionen

Natürlich kommt dem Bier auch beim zweitgrößten bayerischen Volksfest eine vorrangige Rolle zu. 1,4 Millionen Besucher verzeichnete 2013 das elftägige Gäubodenfest in Straubing, das im August stattfindet. König Max I. Joseph hatte anno 1812 erstmals – quasi als Erntefest im ertragreichen Gäuboden – eine Landwirtschaftsmesse und Zuchtschau genehmigt. Daraus entwickelte sich wie beim Münchner Oktoberfest ein populäres Fest der Einheimischen mit überregionalem Zulauf in Bierzelten und Fahrgeschäften.

Landshut feiert sich immer auch selbst, wenn es alle vier Jahre die Hochzeit von Georg, dem Sohn des Wittelsbacher Herzogs Ludwig der Reiche, mit der polnischen Königstochter Hedwig (Jadwiga) im Jahr 1475 nachspielt: mit glanzvollen Umzügen durch die Altstadt, Lagerleben an der Isar und Ritterturnieren vor der imposanten Kulisse der Burg Trausnitz. In den Festspieljahren schlüpfen viele Landshuter in sorgsam nach historischen Vorlagen geschneiderte Gewänder und mimen das Leben in der Herzogsstadt zur Zeit des ausgehenden 15. Jahrhunderts.

An die bedrohlich-kriegerische Lage der Gemeinden im Bayerischen Wald Mitte des 18. Jahrhunderts erinnert das Pandurenfest in Spiegelau. Ab 1741 scharte Franz Freiherr von der Trenck ein etwa 1000 Mann starkes Freikorps um sich und kämpfte im österreichischen Erbfolgekrieg für Maria Theresia, das heißt, er zog mit seinen Mannen plündernd und brandschatzend durch Bayern. Auch den Zwieseler Winkel ließ er nicht aus und presste in Spiegelau dem Bürgermeister die Gemeindekasse ab: Geld oder Leben lautete das Gesetz. So dröhnen allenthalben Pulversalven durch den Ort, während

Links: *Budenzauber, Fahrgeschäfte und Bierzeltgemütlichkeit locken alljährlich mehr als eine Million Besucher zum Straubinger Gäubodenfest im August.*

Oben: *Landshuter Hochzeit à la 1475: Nach dem glanzvollen Umzug durch die Stadt findet man sich auf dem Turnierplatz ein, um dort Gauklern und mittelalterlichen Reiterwettbewerben zuzusehen.*

zum Säumerfest von Grafenau Hufgetrappel die Spannung zum Knistern bringt. Wenn nämlich die Gespanne der Salzspediteure vom Haselberg kommend den Ort erreichen. Alljährlich Anfang August rüstet sich Grafenau zu diesem historischen Fest, das an dessen frühe Bedeutung im Salzhandel erinnert.

Kleine Bilder rechts, von oben nach unten: *In Aigen am Inn hat das Würdinger Schutzen Tradition. Eisenfiguren, wie man sie im Kleinformat als Votivgaben darbrachte, müssen dann Männer im Wettbewerb stemmen und werfen.*

Wenn zum Pandurenfest in Spiegelau Gewehrsalven erschaudern lassen, so ist das historische Spektakel dennoch nur harmloses Spiel, in dessen Mittelpunkt Freiherr von Trenck steht.

Volkstümliche Kulte vermischen sich mit christlicher Heiligenverehrung, wenn zu Pfingsten beim Englmarisuchen in St. Englmar der Pfingstl, ein keltisches Symbol der Fruchtbarkeit, mitläuft.

Ein nächtliches Lager und der Zug der Salzfuhrleute vom Haselberg hinunter nach Grafenau bilden den Auftakt des alljährlichen Säumerfestes in dem alten Handelsort.

Oben:
Von Kindheit an war er, wie so viele Rottaler, „rossnarrisch“, später Künstler und Akademieprofessor: Hans Wimmer. Er schenkte seiner Heimatstadt Pfarrkirchen als Hommage an die Tradition der Pferdezucht im Rottal das „Wimmerross“ (1966). Den Stadtplatz umrahmen ganz im Stil der Inn-Salzach-Orte bis ins 16. Jahrhundert zurückgehende Häuser mit Blendfassaden.

Rechts:
Bei genauem Hinsehen ist auch am Pfarrkirchner Marienbrunnen (1990) von Joseph Neustifter ein Pferd zu entdecken.

Von der Mündung der Salzach in den Inn bis zur Einmündung der Rott erstreckt sich grenzüberschreitend in Deutschland und Österreich das Europareservat Unterer Inn – über 55 Flusskilometer und eine Fläche von 5500 Hektar. Teils unberührte Auwälder und kaum zugängliche Flusszonen machen das Gebiet – oben der Innstausee bei Ering – zu einer bedeutenden Schutzzone für eine außergewöhnlich vielfältige Tier- und Pflanzenwelt. Dabei ist der Mensch nicht ausgesperrt, denn wie etwa in der Mühlau bei Simbach (links) stehen schöne Uferbereiche als Freizeitgelände zur Verfügung.

Rechts:
Der Wachsende Felsen bei Usterling erhöht sich bis heute Jahr für Jahr um ein bis zwei Millimeter. Erklärbar ist dieses Naturphänomen durch Ablagerung von Kalk. Den hat das kohlensäurehaltige Quellwasser auf seinem Weg durch die Gesteinsschichten aufgenommen. Durch die Moose, über die das Wasser sprudelt und die Kohlensäure aufnehmen, wird der Kalk wieder ausgefällt.

Unten:
An ihrem Unterlauf – hier bei Kröhstorf nahe Eichendorf – erfüllt die Vils alle Träume von einer romantischen Flusslandschaft unter dichten, sich weit über das Wasser neigenden Bäumen.

Die Thermen von Bad Griesbach sind nur ein Teil des Erfolgsrezeptes im ansprechenden Badeort. Schon bevor das Wasser aus der Tiefe den Tourismus ankurbelte, war Griesbach Luftkurort. Ein Waldlehrpfad führt im Staatsforst Steinkart zum Teufelsfelsen (links). Über die Herkunft der steinernen Monumente erzählt der Volksmund eine Legende: Der Teufel hegte den Plan, den Ort mit ihnen zu zerstören, soll sie aber dort abgelegt haben, als er Kirchengeläut vernahm. In der Passage sind nahe dem Boden Felsmalereien – zwei tanzende Figuren – zu erkennen.

Rechts:
Wirkt der mit Tuffsteinquadern ummantelte gotische Turm (um 1531 vollendet) von St. Ägidius in Schildthurn auch überdimensioniert, so spricht er doch für die Bedeutung der hiesigen Wallfahrt.

Rechte Seite oben:
Imposant erhebt sich das Benediktinerkloster Asbach im unteren Rottal. An die Zeit der Gründung im 11. Jahrhundert erinnert nur mehr wenig, seit François Cuvilliés d. J. ab 1771 den Komplex im Stil des späten Rokoko neu gestaltete.

Rechte Seite unten:
Das Kleinod einer spätgotischen Wallfahrtskirche, die den Heiligen Gregor und Leonhard geweiht wurde, überrascht im schlichten Rottaler Dorf Grongörgen. Landshuter Meistern werden die Glasmalereien an der Nordseite von Langhaus und Chor zugeschrieben.

Seite 78/79:
Eingebettet in eine idyllische, sanftwellige Landschaft liegt das Kloster St. Salvator bei Bad Griesbach. Noch während des Dreißigjährigen Krieges hatte Bartolomeo Viscardi mit dem Wiederaufbau der niedergebrannten Prämonstratenserabtei begonnen und sie barock ausgestattet. Ein heller Landhausstil prägt heute die geschmackvollen Ferienwohnungen, die in der Anlage eingerichtet wurden.

Unten:
In den Urkunden eines Passauer Klosters taucht die Burg Griesbach erstmals im 11. Jahrhundert auf. Sie war Sitz eines Gerichtes, eines Steuereintreibers und deren moderne Nachfolgebehörden bis zur Gebietsreform 1972. Im Jahr darauf katapultierten drei neu erschlossene, bis zu 60 °C warme Mineralquellen die Stadt im Umbruch an die vorderste Front der deutschen Bäderkultur.

Seite 82/83:
Sankt Wolfgang im Rottal. Das weitreichende Wegenetz führt durch die idyllische Landschaft rund um Bad Griesbach.

Rechts oben: Von Bad Griesbach reicht der Blick in südliche Richtung bis nach Karpfham. Einmal im Jahr erwacht der verschlafene Ort, wenn zum „Kahamer Reidn“ neben dem Volksfestrummel Pferdeturniere stattfinden.

Rechts Mitte: Aus rund 1520 Metern Tiefe sprudelt das 60 °C heiße, mineralhaltige Wasser in das Thermalbad von Bad Griesbach.

Rechts unten: Bad Griesbach zählt zu den größten Golfzentren der Welt. Und auch zu den schönsten, denn Fairways und Greens schmiegen sich in eine bezaubernde bäuerliche Landschaft mit behäbigen alten Gehöften.

Das Rottal ist eine alte bäuerliche Kulturlandschaft; Pferde gab es hier seit den Römern, und sicher blieben bei den Hunnenstürmen auch einige Rösser im Land. Hingegen gab erst Herzog Albrecht V. den Anstoß zur Pferdezucht im eigentlichen Sinn. 1559 ließ er ausgesuchte Deckhengste in Kloster- und Adelsgüter bringen, die den Bauern zur Zucht eines für die Kavallerie geeigneten Pferdebestandes verfügbar sein sollten. Der typische Rottaler, ein mittelschweres, doch kräftiges Warmblutpferd zum Einsatz in der Landwirtschaft, entwickelte sich erst im 19. Jahrhundert, unter anderem durch das Einkreuzen von Oldenburgern.

Die berühmteste Pferdewallfahrt zu St. Leonhard am 6. November findet in Aigen am Inn statt. Bis zu 500 Rösser sollen früher aus dem ganzen Rottal und Inngebiet zur Segnung gekommen sein. Ist die Beteiligung heute auch geringer, so werden die Pferde nach wie vor prächtig herausgeputzt, die schönsten Geschirre angelegt, Blumen und Buchsgebinde in Schweif und Mähnen eingeflochten. Alter Brauch ist an diesem Tag das Würdinger Schutzen. Dabei versuchen kräftige Männer schwere Eisenfiguren zu stemmen und möglichst weit zu werfen.

Unten:
In Bad Birnbach, dem zweiten Eckpunkt im niederbayerischen Bäderdreieck, blieb die Pfarrkirche der optische Blickfang trotz neuer Thermenkomplexe und Hotels. Hier wurde die Idee eines modernen „ländlichen Bades" Realität.

Bilder rechts: *Birnbach ist seit 1987 ein staatlich anerkanntes Heilbad, dessen bis zu 70 °C heiße Chrysanti-Quelle aus 1681 Metern Tiefe aufsteigt. In der „Rottal Terme" speist sie über 30 wohlig warme Becken einer faszinierenden Badelandschaft.*

Und wer die heilende Wirkung des Wassers bei degenerativen und rheumatischen Gelenkerkrankungen sucht, genießt gleichzeitig eine wundervolle Atmosphäre von Entspannung und Heiterkeit in den einfallsreich gestalteten Wellnessbereichen.

Rechts:
In Bad Füssing nahm Niederbayerns Badekultur ihren Anfang, als man 1938 statt dem erhofften Erdöl „nur" eine heiße Mineralquelle in 927 Metern erbohrte. Eine 1947 eröffnete private Therme gab den Anstoß zu wissenschaftlichen Untersuchungen und begründete Füssings Aufstieg als Kurbad, das heute vom Kurpark bis zu drei Thermenanlagen die komplette Infrastruktur eines gehobenen Badeortes bietet.

Unten:
Abwechslung zum Baden: Die Radwege in der Inn-Auenlandschaft lassen keine Langeweile aufkommen, vor allem aber rollt man Kilometer um Kilometer auf ebener Strecke dahin.

Oben:
Schloss Kleeberg bei Ruhstorf an der Rott, erbaut 1610, ist ein kompaktes Walmdachgebäude mit vier Ecktürmen, von denen einer mit doppelter Höhe weit ins Land blickt.

Ganz links:
Der Hochaltar der Siebenschläferkirche zu Rotthof bei Ruhstorf, geschaffen im Jahre 1758 von Johann Baptist Modler.

Links:
Eine sich wälzende Stute auf dem Kirchplatz von Pocking: Das Bronzedenkmal schlägt den Bogen zu Pockings Vergangenheit als Zentrum des Pferde- und Rinderhandels mit großen überregionalen Märkten.

Rechts:
Hoch über dem Marktstädtchen Ortenburg erhebt sich ein Renaissanceschloss aus dem 16. Jahrhundert, das einen stimmungsvollen Innenhof umschließt. Aufwendig bemalte Fensterumrahmungen sowie doppelstöckige Arkaden verleihen ihm herrschaftliches Gepräge.

Unten:
Am linken Innufer bewacht seit dem 14. Jahrhundert Schloss Neuhaus den Brückenübergang nach Schärding. Der Salz- und Getreidehandel wie auch die Flößerei hatten dem Ort schon im Mittelalter zu überregionaler Bedeutung verholfen.

Mittelalterlich trutzig wirken die Ecktürme von Neuburg am Inn, einst Sitz der Grafen von Vornbach. Ab 1050 hatten sie sich auf einem Felssporn über dem Inn hinter wehrhaften Mauern verschanzt. Die raue Schale aber birgt ein elegantes Schloss im Stil der Frührenaissance, das schon seit 1440 seine Gäste in der Hoftaverne empfängt.

Linke Seite oben:
Auf der Burg von Neuburg am Inn spiegeln Roter Marmor-Saal (im Bild), Salettl und Weißer Marmor-Saal einen Wandel des Wohnstils und der Architektur in der Renaissance. Die Künstler jener Epoche bemalten gotische Gewölbe mit gefälligen Ornamenten, ehe mit dem Stuckmeister des Pasauer Doms, Giovanni Battista Carlone, der Barock Fassaden und Gärten eroberte.

Links:
Ursprünglich überspannte die 206 Quadratmeter große Decke von 1628 den Tafelsaal von Schloss Ortenburg, eher dieser 1680 zur Kapelle umgestaltet wurde. Der Augsburger Wendel Dietrich gilt als der Meister des Kunstwerks aus fünf verschiedenen Holzarten. In der Deckenmitte prangt das Wappen der Grafenfamilie.

Links:
Der bäuerlichen Kultur des Rottals widmet sich das in Schloss Ortenburg eingerichtete Heimatmuseum.

Linke Seite unten:
Den „Dom des Rottals" nennt man die Klosterkirche von Fürstenzell. Der Kirchenpracht steht die Klosterbibliothek (um 1765) in nichts nach. Dem Tiroler Joseph Deutschmann gelang ein schwerelos wirkender Raum mit einer umlaufenden Galerie, gestützt auf Säulen, deren Last kraftstrotzende Atlanten aufnehmen.

Von Asam bis König – Niederbayerns Kreative

Ihre Vorbilder fanden sie nicht im eigenen Land, vielmehr reisten sie in heitere Landschaften jenseits der Alpen, wo schon die Antike die Künstler der Renaissance inspiriert hatte. Cosmas Damian (1686–1739) und Egid Quirin Asam (1692–1750) schwebte auch Italienisches vor, als sie ihre sinnenfrohen Kompositionen für Orte der Andacht und religiöser Riten, für Kirchen in Klöstern und ehrgeizigen Gemeinden entwarfen. Die Brüder, der eine Architekt und Maler, der zweite ein begnadeter Bildhauer und Stuckateur, wurden zu Leitfiguren des süddeutschen Spätbarock.
Welche Kunstschätze die vorrömischen Kulturen Jahrtausende vorher geschaffen hatten, erschloss erst die moderne Archäologie. Die 6000 Jahre alte Venus von Aufhausen (ein Ort südöstlich von Landau gelegen) gleicht in ihrer reduzierten Form den abstrakten Skulpturen des späten Picasso. Auch der Ornamentik keltischen Schmucks und derber Keramik haftet eher Strenge denn Verspieltheit an. Roms Augenmerk galt entlang dem Limes der Abwehr aufsässiger und kriegerischer Stämme sowie der Basisversorgung der Kastelle entlang der Nordgrenze des Römischen Reiches. Folglich stammten die Schätze jener Zeit aus dem militärischen Bereich, etwa die einzigartigen Gesichtsmasken von Paradeuniformen und Kopfschutzplatten für Pferde, die im Gäubodenmuseum in Straubing zu sehen sind. Und wo die Miliz in Göggings Thermalquellen „kurte", fand sich von südlichem Thermenluxus nicht die Spur.
In den Jahrhunderten unmittelbar vor und nach der ersten Jahrtausendwende belegen die Chroniken die frühesten Gründungen von Benediktinerklöstern mit Bauten in romanischer Schlichtheit, ferner die Einfälle der Ungarn, deren Zerstörungen die Errichtung zahlreicher Burgen in Gang brachte. Der Sinn für Kunst entfaltete sich erst am Hof der Wittelsbacher, die seit 1180 über das Herzogtum Bayern herrschten. Ihr Sitz Landshut erblühte ab 1204 im Schutz seiner Burg. Mitte des 16. Jahrhunderts ließen sich die Burgherren – ganz à la mode – eine Stadtresidenz im Stil der Renaissance erbauen. 1385 aber hatten Landshuts Klerus und die Bürgerschaft bereits damit begonnen, ein augenfälliges Zeichen ihrer Macht zu setzen, und zwar mit der mächtigen gotischen Hallenkirche St. Martin und dem Engagement bekannter Künstler wie Hans Leinberger für die Ausstattung. Zwischen den Bischofssitzen Freising, Regensburg und Passau gelegen, repräsentierte der Backsteinbau die Eigenständigkeit von Adel und Bürgertum.

Künstlerischer Aufschwung

Die erste Hälfte des 17. Jahrhunderts ging als eine Epoche der Schrecken in die Annalen ein. Pestepidemien und die Plünderungen des Dreißigjährigen Kriegs brachten auch den Osten Bayerns an den Rand des Ruins. Umso erstaunlicher wirkt der künstlerische Aufschwung bereits kurze Zeit danach. Das wittelsbachische Bayern – es war auf herzoglichen Erlass (mit der Ausnahme von Ortenburg) seit 1555 katholisch – wallfahrtete mit Inbrunst und spendete für Kapellen und Kirchen. Weltliche Lebenslust und Ausgelassenheit hielten in der Ausgestaltung religiöser Orte Einzug. Künstler wie die Gebrüder Asam und Dientzenhofer sowie Johann Michael Fischer (1692–1766) schufen Räume – baulich real oder malerisch imaginär – für ein einzigartiges Theatrum sacrum.
Wo der Adel wehrhaften Burgen die Kunst der barocken Meister angedeihen ließ, entstanden prächtige Festsäle und in Gärten romantische Grotten und Pavillons, wie etwa in Neuburg am Inn. Eine weitere Blüte der profanen Dekorationslust ist um die Wende vom 19. zum 20. Jahrhundert zu verzeichnen. Damals zitierte der Historismus das Mittelalter so detailgenau wie die Renaissance, gerade wie es den Schlossherren gefiel.
Namen zeitgenössischer Künstler aus Niederbayern begegnet man an international so prominenter Stelle wie dem zerstörten World Trade Center in New York. 1967 bis 1971 hatte Fritz König für die Brunnenanlage des Welthandelszentrums die Bronzeskulptur „Kugelkaryatide" geschaffen. Schwer beschädigt konnte sie nach dem Terroranschlag vom 11. September 2001 geborgen werden und fand im Battery Park einen neuen Platz als Mahnmal. 1924 zwar in Würzburg geboren, lebt und arbeitet der Bildhauer seit 1930 in Landshut beziehungsweise unweit davon in Ganslberg. Seine außergewöhnliche Liebe zu Pferden – er gilt nicht zuletzt als ein Pionier der Araberzucht in Südbayern – spiegeln viele seiner Skulpturen: Arche Noah nennt sich das aus einer Stiftung hervorgegangene Museum, das ihm in Landshut gewidmet ist.

Links:
Nach dem Geschmack des Barock gestaltete Giovanni Battista Carlone einen Grottenpavillon mit Muscheldekor im formalen Garten der Vorburg von Schloss Neuburg am Inn.

Oben:
Seit dem Mittelalter hat Wasser den Adelssitz Schönau umflossen, aber erst unter der Leitung des Münchener Architekten Carl Joseph Effner wandelte sich um 1900 die Burg zum Schloss.

Rechts oben:
Der Landshuter Holzbildhauer Hans Leinberger ist bereits beeinflusst vom Stil der Renaissance, als er um 1518 die Madonna im Strahlenkranz schnitzt und farbig fasst.

Rechts Mitte:
Die Prämonstratenserstiftskirche in Osterhofen-Altenmarkt (Baubeginn 1726). In diesem „Thronsaal zu Ehren Gottes" zeigt der rechte Seitenaltar der Gebrüder Asam überaus bewegt die heilige Familie: die heilige Anna mit Maria auf dem Arm und neben ihr stehend der heilige Joachim.

Rechts:
Perfekt in Kulisse und Beleuchtung inszeniert Egid Quirin Asam am barocken Hauptaltar der Klosterkirche von Rohr in Niederbayern die Himmelfahrt Mariens.

Oben:
In Passaus Residenz unmittelbar neben dem Dom hielt der Kirchenadel prachtvoll Hof, denn seit 1217 war Passau Fürstbistum und schließlich das größte im Heiligen Römischen Reich.

Bilder rechts:
Ein charmantes Gassenlabyrinth durchzieht Passaus Altstadt zwischen Donau und Inn. 1662 hatte ein verheerender Brand die gotische Stadt zu 80 Prozent in Schutt und Asche gelegt, mit Eifer aber wurde danach neu gebaut.

Seite 96/97:
Von der Wallfahrtskirche Mariahilf bietet sich ein wunderschöner Blick über den Inn und die Altstadt von Passau.

In der zweiten Hälfte des 17. Jahrhunderts war der Wiederaufbau der größten deutschen Barockkirche auf den Fundamenten des beim Stadtbrand 1662 zerstörten gotischen Doms abgeschlossen. Carlo Lurago gebührt die Bewunderung für den monumentalen Bau, der, meisterlich ergänzt durch das Stuckdekor des jungen Giovanni Battista Carlone und den Freskenzyklus von Carpoforo Tencalla, bis heute Passaus Wahrzeichen ist. Nicht genug der Superlative: Der Passauer Stephansdom birgt die größte Orgel der Welt – mit 233 Registern und 17 974 Orgelpfeifen, gespielt auf fünf Manualen. 1733 konnte das gigantische Instrument von Johann Ignaz Egedacher eingeweiht werden.

Der Bayerische Wald –
Europas grünes Dach mit blauem Band

Vom Gipfel des Kleinen Falkensteins in 1190 Metern Höhe schweift der Blick über den Zwieseler Winkel bis zum Großen Arber im Nordwesten.

Lange war er ein Niemandsland, nicht im politischen Sinne, aber seiner Natur nach: ein nur spärlichst besiedeltes Waldgebirge mit kaum passierbaren Urwäldern auch jenseits der tschechischen`Grenze. Fließend geht der Bayerische Wald nach Nordosten auf der Linie Regensburg – Waldmünchen in den Oberpfälzer Wald über. Das einst als Böhmerwald bekannte Gebiet umfasst heute den 1970 gegründeten Nationalpark Bayerischer Wald (zwischen den Gipfeln Lusen und Rachel), der sich als Nationalpark Sumava in Tschechien fortsetzt, sowie die Naturparks Bayerischer Wald und Oberer Bayerischer Wald. Auf gefährlichen Steigen trieben dereinst die Säumer ihre Lasttiere über die Berge, im Gepäck Salz wie auch Glaswaren, denn der „Woid" lieferte Rohstoffe und Brennmaterial für die Glashütten. Weiter im Norden sind international bekannte Firmen auf Flachglas wie zum Beispiel Spiegel spezialisiert, vorwiegend Pokalglas fertigen die Produktionsstätten im Zwieseler Winkel.

Den Charakter der Landschaft mit ihren vielen kleinen Tälern verrät so mancher Name. Unter anderem wurde der „Winkel" gängige Bezeichnung für die Umgebung eines Ortes, zum Beispiel beim Lallinger Winkel. Diese für ihre im Frühling hinreißend schönen, blühenden Streuobstwiesen bekannte Gegend ist nur eine der landschaftlichen Attraktionen des Bayerischen Waldes, der Wanderer, Radbegeisterte und im Winter auch Skifahrer anlockt – zum Langlauf und auf romantische Pisten. Sommer wie Winter hat der Tourismus rund um den Großen Arber, mit 1456 Metern die höchste Erhebung des Bayerischen Waldes, Konjunktur – Tendenz steigend.

Die kulturellen Impulse empfing die Region von alters her aus dem Donautal, insbesondere von den Klöstern der Benediktiner, darunter Metten, Ober- und Niederaltaich. Reicher Grundbesitz und die Gunst von Königen und Hochadel erlaubte ihnen im Barock namhafte Künstler zu beauftragen, um ihren Klosterkirchen Glanz zu verleihen, nachdem über Jahrhunderte die mönchischen Gesänge durch die strengen Bauten der Gotik gehallt waren.

PATRONA BAVARIAE
SALVE REGINA

SESAM
Eis Fontanella

Für die alte Donaubrücke von Vilshofen und Gebäude der umliegenden Gemeinden wurden Steine der Burg von Winzer (südöstlich von Niederalteich) abgetragen, nachdem sie 1744 während des Österreichischen Erbfolgekrieges gesprengt worden war. Erst König Ludwig I. von Bayern stellte die Ruine unter Denkmalschutz, ist sie doch ein Zeugnis des 11. Jahrhunderts, als das Gebiet dem Bischof von Bamberg unterstand und sein Verwalter hinter wehrhaften Mauern Schutz suchte.

Bilder linke Seite:
Zum einen kam die Donau der Entwicklung von Deggendorf als Handelszentrum zugute, zum andern ist die Stadt das Tor zum Bayerischen Wald und damit wichtiges Marktzentrum. Davon zeugt der weite Stadtplatz zu beiden Seiten des Rathauses. 1535 gilt als das Baujahr des Rathauses, sein Turm ist jedoch rund 150 Jahre älter. Im ältesten Siedlungskern der Stadt liegt die katholische Pfarrkirche Mariä Himmelfahrt (rechts oben). Patrona Bavariae, mit diesem Namen wird die Gottesmutter Maria als Schutzheilige Bayerns verehrt.

Als romantische Ruine krönt die Burg von Natternberg die gleichnamige Anhöhe in der Donauebene westlich von Deggendorf. Auf uraltem Siedlungsgebiet – Spuren von Befestigungsanlagen sind bis in die Jungsteinzeit nachgewiesen – ließen sich die einflussreichen Grafen von Bogen im 12./13. Jahrhundert hier in strategisch günstiger Position eine Burg errichten.

Rechts:
Auf mehr als 1200 Jahre Geschichte kann die Benediktinerabtei Metten westlich von Deggendorf zurückblicken. Berühmte Künstler bereicherten die barocke Ausstattung der Klosterkirche, während die 200 000 Bände der prachtvollen Bibliothek Metten auch als Hort der Gelehrsamkeit ausweisen.

Unten:
Mit allen Elementen einer mittelalterlichen Burg begeistert Schloss Egg. Dennoch ist in der so veritablen Ritterburg vieles relativ jung und stammt aus der Zeit der Restaurierung um 1840. Im Stil des Historismus erhielten damals die Ringmauer, der 45 Meter hohe Hungerturm sowie der Rittersaal ihre gotische Gestalt.

Oben:
Die Kassen der Wittelsbacher finanzierten in den Jahren 1260 bis 1326 den Neubau der imposanten Hallenkirche von Niederaltaich (später barockisiert), die damals nur von wenigen an Größe übertroffen wurde. 741 hatten sich Benediktinermönche aus Reichenau am Donauufer niedergelassen, später gewann die Abtei großen Einfluss bei der Kolonisierung slawischer Gebiete.

Links:
Oberalteich, unweit von Bogen, war einst Benediktinerkloster, wurde in der Säkularisation jedoch aufgelöst. Seiner mächtigen Renaissancekirche, geweiht den Heiligen Peter und Paul, verliehen die Künstler des Barock neuen Glanz.

Unten:
Beim Blick über Teisnach zeichnen sich im Osten die bis auf 1456 Meter ansteigenden Höhen des Bayerischen Waldes als sanfte Kuppen ab. Die Ursprünglichkeit seiner Natur ist aus der Ferne nur zu ahnen.

Rechts oben:
Alljährlich zu Pfingsten brechen in St. Englmar Reiter in historischer Kleidung zum Englmarisuchen in den Wald auf. Der Brauch ist seit Mitte des 19. Jahrhunderts belegt. Er erinnert an den grausamen Tod des frommen Eremiten aus dem 12. Jahrhundert, der von seinem Gefährten aus Neid erschlagen und der Legende nach im Wald verscharrt wurde.

Rechts Mitte:
Im östlichen Nationalpark Bayerischer Wald erstreckt sich das sogenannte Felswandergebiet um die Kleine Kanzel. Hier taucht man ein in das urwaldartige Kerngebiet des Parks, wo sich die Wurzeln der Baumriesen an mächtigen Felsbrocken festkrallen.

Rechts unten:
Das Richtige für müde Glieder nach langen Wanderungen oder Radtouren im „Woid": Schwimmen im kleinen Waldbad Teufelssee nördlich von Viechtach.

Unten:
Die prachtvolle Rokokokirche St. Augustin auf dem Stadtplatz von Viechtach, wird auch Dom des Bayerischen Walds genannt.

Rechts:
Auf der Schwarzen Regen, hier bei Viechtach, kommen die Kanufahrer auf ihre Kosten. Man nennt diese Region auch gerne „Bayerisch-Kanada".

Oben:
Die Geschichte vom Mühlhiasl, einer Gestalt aus dem Bayerischen Wald, erzählt das riesige Glasgemälde von Rudolf Schmid sen. in der Gläsernen Scheune bei Viechtach. 1980 begann er das Gebäude in ein Kunstwerk zu verwandeln, wo man nun zahlreiche Meisterwerke des Künstlers betrachten kann.

Zwischen Großem Arber und Donau erstreckt sich der Naturpark Bayerischer Wald, nicht zu verwechseln mit dem Nationalpark in der Hochregion. Das niederschlagsreiche Klima begünstigt einerseits eine artenreiche Vegetation, andererseits ist es Ursache für die vielen Rinnsale und Bäche. An den Rißlochfällen (oben), den höchsten im Naturpark, stürzt das Wasser über mehrere Felstreppen 200 Meter in die Tiefe.

Idealer Ausgangspunkt für Wanderungen in das Gebiet des Großen Arbers und das seit 1939 bestehende Naturschutzgebiet Rißloch ist der Luftkurort Bodenmais (oben). Früher war er bekannt für seine Bergwerke, in denen nach Silber und Potée gegraben wurde. Im Bergmischwald des Rißlochgebietes sind als botanische Raritäten Alpenmilchlattich und Bergtroddelblume zu entdecken.

Das gläserne Herz des Waldes

Eher dem Zufall als gezielten Experimenten schreiben Forscher die Entdeckung von Glas beziehungsweise des Glasschmelzens zu und zwar in Mesopotamien und im alten Ägypten. Vermutlich kamen beim Brennen von Ton oder Keramik Gefäße in Kontakt mit Quarzsand, sodass sich auf ihrer Oberfläche zunächst nur fleckenhaft ein glasartiger Schmelz zeigte. Bereits um 1500 v. Chr. wussten die Ägypter gläserne Hohlgefäße herzustellen, indem sie eine Tonform in zähflüssige Glasmasse tauchten und nach dem Erkalten den Tonkern vorsichtig herausschlugen. Um die Zeitenwende kam die Glaspfeife in Gebrauch. In der Antike und noch im Mittelalter waren Gefäße aus dem zerbrechlichen Material wahre Luxusartikel. Kostbare Fenster, die in mystischem Farbenspiel religiöse Themen illustrierten, schmückten lange nur Kirchen, nicht aber Privatbauten. Erst in der Renaissance fand das Glas in gehobenen bürgerlichen Haushalten Verbreitung, man leistete sich Fenster aus Butzenscheiben und Trinkgläser lösten die metallenen Pokale ab.

„Durchsichtig" war die Bedeutung von „glasa" bei den Germanen, weswegen sie so auch den für Schmuck beliebten Bernstein bezeichneten. Nicht fossiles Harz, sondern Quarz ist jedoch der Hauptbestandteil dessen, was wir heute gemeinhin als Glas kennen. Bei Temperaturen um 1600 Grad Celsius verschmilzt Quarzsand, der sogenannte Glasbildner, mit einem „Flussmittel" (zum Beispiel Soda, Pottasche), das die Schmelztemperatur herabsetzt, und dem Kalk, der als Stabilisator des erkalteten Produkts dient. Kühlt die rotglühende Masse allmählich ab, kommt es nicht wie bei Metallen zur Kristallbildung, vielmehr bleibt Glas amorph. Blasen lässt es sich bei etwa 1200 Grad Celsius, formen durch Schwingen oder Pressen auch noch bei niedrigeren Temperaturen. Beigaben von Metallen beeinflussen die Farbe, Kobalt etwa tönt das Glas tiefblau, Kupfer blau bzw. rubinrot, Eisenoxid grün.

Geheimnis der Herstellung

Das Geheimnis um die Rubinglas-Herstellung steht im Mittelpunkt von Werner Herzogs Film „Herz aus Glas" (1976), der während des 19. Jahrhunderts in einem kleinen Dorf – Vorbild war Frauenau – im Bayerischen Wald spielt. Plötzlich ist die Existenzgrundlage der Bevölkerung bedroht, als der Hauptarbeiter der Hütte stirbt und das Rezept für das begehrte rote Glas mit ins Grab nimmt. Der Beginn der ausgedehnten Glasindustrie im Bayerischen, Oberpfälzer und Böhmerwald ist in die Zeit um 1000 zu datieren. Den Glasmachern kamen nicht nur die leicht abbaubaren Vorkommen von Quarz zugute, sondern auch die dichten Wälder, die ausreichend Heizmaterial für die Schmelzöfen lieferten. War das nutzbare Holz eines Gebietes verfeuert, wurde die Hütte verlegt. Erst mit der Industrialisierung und dem Aufbau neuer Transportmöglichkeiten bildeten sich feste Standorte heraus.

Der Eisengehalt der Quarzsande war ein Grund dafür, dass im Bayerwald vorwiegend grünes Glas gefertigt wurde und dieses seiner Herkunft und der Farbe wegen Waldglas hieß. Vor dem Hintergrund, dass die Arbeiter der venezianischen Manufakturen nicht einmal die Stadt verlassen durften, wird verständlich, warum auch in den ostbayerischen Glashütten die Bestandteile außergewöhnlicher Glasqualitäten als Geheimnisse streng gehütet wurden – das Thema in Werner Herzogs Film.

Regional bildeten sich früh Spezialisierungen für Produktgruppen heraus. Zwischen dem oberpfälzischen Waidhaus und Furth im Wald lieferten die Hütten in erster Linie Flachglas. In sogenannten Schleifen wurden die Scheiben geplant und poliert. Erst danach gingen sie in den Transport nach Nürnberg-Fürth, wo sie anfangs mit Quecksilber, seit Ende des 19. Jahrhunderts mit Silber bedampft zu Spiegeln veredelt wurden. Vorwiegend auf Pokalglas verlegten sich die südlicher gelegenen Glasbetriebe im Bayerischen Wald, der „Gläserne Winkel" entwickelte sich zum Synonym für

Bilder links:
Handgefertigte und mundgeblasene Objekte, wie sie in der Glashütte Eisch in Frauenau als Unikate entstehen, sind rar und kostbar geworden. Selbst ganze Trinkglasserien werden bei einigen Herstellern noch Stück für Stück in handwerklicher Perfektion gefertigt. Dennoch ist die Anzahl der Beschäftigten in der Glasherstellung im Bayerischen Wald in den letzten 20 Jahren von rund 2000 auf ein paar hundert geschrumpft.

Zwiesel und sein Umland. Auf der Weltausstellung des Jahres 1900 in Paris gewannen die faszinierenden Jugendstilgläser der Hütte Ferdinand von Poschinger in Buchenau eine Medaille. Namen wie Schott und Rodenstock erlangten seither Spitzenstellungen in der Entwicklung und Verarbeitung von Industrieglas. Zugleich erfuhr die internationale Studioglasbewegung der 1960er- und 1970er-Jahre wesentliche Impulse aus der Eisch-Hütte in Frauenau, wo Gretl und Erwin Eisch dem Glas jenseits nüchterner Funktionalität neue künstlerische Werte verliehen. Formschönes Glas hat trotz der Entwicklung von Kunststoff einen hohen Stellenwert als alltäglicher Gebrauchsartikel behalten. Und weder Industrie noch Technik können auf den flexiblen Werkstoff verzichten, dessen Verarbeitung seit 1904 die Glasfachschule in Zwiesel lehrt.

Oben:
Die Glasarche des Künstlers Ronald Fischer, hier vor dem Glasmuseum in Frauenau, wurde zum Wahrzeichen des Kultur- und Naturraums Bayerischer Wald/Böhmerwald.

Rechts oben:
Im Zentrum der Glasstraße liegt das Glasdorf Weinfurtner in Arnbruck. Es gibt Einblick in die traditionelle Glasfertigung und die unglaublich bunte Palette dekorativer Objekte aus dem faszinierenden Werkstoff.

Rechts:
An der Burg Weißenstein bei Regen ließ der Künstler Rudi Schmid einen „Gläsernen Mischwald" mit bis zu 12 Meter hohen Bäumen emporwachsen. Der Ort hat einen engen Bezug zum Glas, denn das 2000 Quadratmeter große Areal liegt unmittelbar auf der als Pfahl bekannten Quarzader des Gebirgszugs.

Bilder rechts:
Für Wanderer kann am Großen Arber nur der Weg das Ziel sein, denn sein durch eine Seilbahn erschlossener Gipfel wirkt angesichts der vielen Touristen und Sendeanlagen zeitweise recht ernüchternd. Nicht so der Ausblick, der bei guter Fernsicht über das deutsch-tschechische Grenzgebirge hinweg bis zu den Alpen reicht.

Unten:
Südöstlich des Großen Arbers schimmert am Fuß der Seewand bläulich-grün der Große Arbersee. Als botanische Besonderheit bilden hier Gräser schwimmende Inseln.

Die Zwieseler Hütte (oben) duckt sich unmittelbar unterhalb des Gipfels des Großen Arbers (links) an den Felshang. Für Selbstversorger bietet sie Sommer wie Winter moderne Schlafplätze und die Stille der Natur, sobald abends die Seilbahn still steht.

Rechts:
Ein Stück Verkehrsgeschichte dokumentiert das Bayerische Localbahnmuseum in Bayerisch Eisenstein. Es ist unweit des Bahnhofs im Lokschuppen, den die Königlich Privilegierte Aktiengesellschaft der Bayerischen Ostbahn im Jahre 1877 errichtete, untergebracht.

Unten:
Ein Ausflugsziel für die ganze Familie ist das Museumsdorf Bayerischer Wald bei Tittling. Die 150 Gebäude, in denen Handwerker arbeiten und sogar Tiere leben, geben eine lebhafte Vorstellung von der Vielschichtigkeit der bäuerlichen Kultur im Bayerischen Wald.

Holz war der Werkstoff der Waldler, der Brennstoff und ihr Reichtum. Mit welcher Geschicklichkeit man den Naturstoff beim Hausbau einzusetzen verstand, dokumentiert das Freilichtmuseum Finsterau.

Ganz links und links:
Mit viel Liebe zum Detail richteten die Gestalter des Bauernhausmuseums von Lindberg (ganz links) und des Freilichtmuseums Finsterau (links) die bäuerlichen Schlaf- und Wohnstuben ein. Nicht selten fristeten die Exponate Jahrzehnte auf staubigen Dachböden und mussten sorgsam aufgefrischt werden.

Ganz links und links:
Wie früher Stoffe bedruckt, gebacken, genäht und geklöppelt wurde, das zeigen Handwerker in originalgetreu möblierten Stuben im Museumsdorf Bayerischer Wald bei Tittling.

Linke Seite:
Es ist die Bayerwald-Glasstadt schlechthin: Zwiesel mit rund 10 000 Einwohnern am Zusammenfluss von Kleinem und Großem Regen. Mögen auch Goldwäscher die Siedlung gegründet haben, erst die Glasherstellung seit Beginn des 15. Jahrhunderts verlieh Zwiesel Bedeutung. Zahlreiche Glashütten und -werkstätten stehen heute Besuchern offen.

Das Schnapsbrennen hat seit Jahrhunderten Tradition im Bayerwald. Beliebt dafür sind Garten- und Waldfrüchte ebenso wie die Wurzeln von Wildpflanzen, zum Beispiel Bärwurz. Auf den Hochweiden, den Schachten, gedeiht die Pflanze mit den weißen Blütendolden in Höhenlagen oberhalb 1000 Meter. Welche Geheimnisse hinter dem Woipertinger (oben) stecken, jenem urbayerischen Fabelwesen, dies versucht eine kleine Schau in der Bärwurzerei Hieke in Zwiesel aufzudecken.

Seite 120/121:
Von der Burgruine Weißenstein aus dem 12. Jahrhundert schweift der Blick über die Kreisstadt Regen bis zum Großen Falkenstein (1315 Meter). Weißenstein bezieht sich namentlich auf die hier 760 Meter hoch aufragende Formation des sogenannten Pfahls, einer Quarzader, die sich durch den gesamten Bayerischen Wald zieht.

Rechts:
Den Vegetationswandel vom Buchenwald über den Bergmischwald zu reinen Fichtenbeständen erlebt man auf einer Wanderung zum Gipfel des Großen Rachel, der mit 1453 Metern bereits oberhalb der natürlichen Waldgrenze liegt. Knapp 100 Höhenmeter unterhalb kommt man am Waldschmidthaus vorbei und wird mit bayerischen Schmankerl belohnt.

Unten:
Auf 1070 Metern Höhe liegt der Rachelsee malerisch am Aufstieg von der Racheldiensthütte zum Großen Rachel.

Als im Jahr 1970 der Nationalpark Bayerischer Wald eröffnet wurde, wollte man nicht nur die Vegetation in einem der ältesten Gebirgszüge der Welt renaturieren, sondern auch ursprünglich hier heimische Tierarten wieder ansiedeln und eine Stabilisierung der vom Aussterben bedrohten Arten erreichen. Die Nähe des menschlichen Siedlungsraumes setzte Grenzen, doch inzwischen sind in einem 200 Hektar großen Waldfreigelände bei Niederschönau Wölfe, Wisente, Luchse und Bären, Auer- und Dirkhühner zu beobachten.

Links oben:
Hier kann man die Seele baumeln lassen. Im Nationalpark Bayerischer Wald wurde 1995 der Seelensteig, ein 1,3 km langer Holzsteg, durch einen sich selbst regulierenden Naturwald erbaut, ohne hierbei einen Baum zu fällen oder zu beschädigen. An diesem Ort kann man die natürliche Waldentwicklung in ungeahnter Atmosphäre erleben und genießen.

Links Mitte:
Der Wackelstein von Solla bei Thurmansbang im Südosten des Bayerischen Waldes ist Beweis dafür, wie Granit, ursprünglich von Erde bedeckt, entlang seiner Spalten und Klüfte

mürbe wird und bröselt. Wird das Deckmaterial schließlich abgespült, treten teils stark gerundete Formen zutage. Eine einzelne Person kann den Koloss in Bewegung versetzen.

Links unten:
Alles Natur: Die Nationalparkgemeinde Spiegelau lockt als Basis für Erkundungen der Bergwelt und mit Entspannung in einem Natur-Kneipp-Park.

Unten:
Auch in St. Oswald gab eine Klostergründung den Ausschlag für die Dorfentwicklung. Idyllisch liegt es in der Nähe des Hochmoors Klosterfilz, das über Knüppeldämme begehbar gemacht wurde.

In Lalling eröffnete 2006 der erste Feng-Shui-Kurpark in Deutschland. Den Mittelpunkt der Fläche von knapp sechs Hektar bildet der aus einer Quelle gespeiste Badesee in der Form einer Acht, in den zwei Stege hineinragen. Sie symbolisieren Yin und Yang, das weibliche und das männliche Prinzip in der 7000 Jahre alten asiatischen Lehre der Lebensraumgestaltung. Den Punkt der stärksten positiven Strahlung markiert ein großer Findling.

Oben:
Lalling wird von drei Seiten von sanften Hügeln gerahmt. Schon von weitem sichtbar ist die Pfarrkirche St. Stephanus, erbaut 1722/23.

Links:
Man nennt den Lallinger Winkel auch die Obstschüssel des Bayerwaldes. Ein besonderer Zauber liegt über der Landschaft, wenn im Frühjahr die Streuobstwiesen in Blüte stehen. Über diese ökologisch wertvollen Naturräume, die leider andernorts stark zurückgedrängt werden, informiert der Streuobsterlebnisgarten in der Gemeinde Panholling.

Der Nationalpark-Tourismus erschloss dem Wintersport- und Luftkurort Grafenau eine neue Erwerbsquelle. Der Säumerbrunnen am Stadtplatz aber erinnert noch an die früheren Salz- und Getreidespediteure, die die Waren auf die Pferde „säumten“, also banden. Sie machten in Grafenau Station, wenn sie auf der „Gulden Straß“, einem Handelsweg auf einst herzoglich-bayerischem Gebiet, am Lusen vorbei nach Böhmen zogen.

Alljährlich am ersten Augustwochenende feiert Grafenau das Säumerfest. Am Freitagabend versammeln sich die Teilnehmer – alle in historischen Gewändern – mit ihren Pferdewagen zum Nachtlager im acht Kilometer entfernten Holz im Wald. Tags darauf zieht der Säumertross dann über den Haselberg nach Grafenau. Dort herrscht von den frühen Morgenstunden an reges Markttreiben auf dem Stadtplatz und Musikgruppen wie auch Handwerker unterhalten mit Vorführungen ihrer Kunst die Zuschauer.

Links:
Fürstenstein ist neben Saldenburg und Englburg einer der Eckpfeiler im hügeligen Dreiburgenland nördlich von Passau. Die Geschichte des kleinen Ortes war immer eng an das wechselvolle Schicksal der Burg geknüpft, deren Ursprung im 11. Jahrhundert liegen soll. Die heute das Ortsbild prägende Anlage stammt aus dem 19. Jahrhundert.

Unten:
Am Fuß des siebenhundert Meter hohen Kadernbergs liegt der kleine Luftkurort Schönberg, idealer Ausgangsort für Wanderungen in den Vorbergen des Bayerischen Waldes – auch im Winter!

Rechts:
Wildromantisch zwängen sich die Bäche durch das Urgestein an der Buchberger Leite zwischen Freyung und Ringelai. Durch einen etwa neun Kilometer langen Wanderweg ist die Schluchtenlandschaft, sie zählt zu den hundert schönsten Naturdenkmälern in Bayern, mit robustem Schuhwerk gut zugänglich.

Bilder rechte Seite:
Im Dreiländereck Tschechien-Österreich-Deutschland liegt der Dreisesselberg, dessen höchste Erhebung mit 1334 Metern der Hochstein (oben) bildet. Fast bis unter den Gipfel führt eine Seilbahn und eröffnet einen herrlichen Panoramablick über das Grüne Dach Europas. Ein Wanderweg entlang dem Hochkamm verbindet den Dreisesselberg mit dem 1378 Meter hohen Plöckenstein, über den die Staatsgrenze verläuft. Die Südseite des Dreisessel-Plöckenstein-Zuges überzieht ein ausgedehntes Felsenmeer (unten). Die Zerklüftung der Granitblöcke entstand noch während der Eiszeiten, als Wasser in das Gestein eindrang und beim Gefrieren den Fels sprengte.

Rechts:
Tief hinein in eine fantastische Wald- und Flusslandschaft führt der Ilztalwanderweg von Ellersdorf/Perlesreut bis Passau: 35 Kilometer entlang der mitunter wildschäumenden Ilz bis zu ihrer Mündung in die Donau.

Seite 132/133:
Der Lusen ist mit seinen 1373 Metern der dritthöchste Berg im Bayerischen Wald. Unverwechselbar macht ihn der mit Felsblöcken gekrönte Gipfelbereich.

Register

10 km
Vils
Neumarkt
DEUTSCHLAND
Parsberg
Naab
Hemau
Dietfurt
Altmühl
Painten
Riedenburg
Kristallmuseum
Schloss Prunn
Ihrlerstein
Schulerloch
Kelheim
Donaudurchbruch
Befrei-ungshalle
Kloster Weltenburg
Römerkastell Abusina
Eining
Bad Gögging
Neustadt an der Donau
Abensberg
INGOLSTADT
Donau
Biburg
Rohr
Siegenburg
Elsendorf
Abens
Mainburg
Pfaffenhofen
Moosburg an der Isar
FREISING
Erding
Isar
MÜNCHEN

Schwandorf
Naab
OBERPFALZ
Cham
Roding
Burglengenfeld
Regen
TSCHECHISCHE REPUBLIK
Böhmerwald
Vimperk
REGENSBURG
Neutraubling
Bad Abbach
Donau
Wiesenfelden
Stallwang
Prackenbach
St. Augustinus
Viechtach
Arnbruck
Kleiner Arber 1.384 m
Großer Arber 1.456 m
Bayerisch-Eisenstein
Großer Falkenstein 1.315 m
Bodenmais
Barbara-stollen
NP-Zentrum
Bauernhaus-museum
Teisnach
Schwarzer Regen
Zwiesel
Glas-museum
Frauenau
Großer Rachel 1.453 m
St. Englmar
Ruhmanns-felden
Regen
Rinchnach
Bayerischer Wald
St. Tiburtius-Kloster
Steinach
Mitterfels
Kirchroth
Schloss Heimberg
Hunder-dorf
Wallfahrtskirche
Zachen-berg
Bischofsmais
Eschenberg 1.042 m
Spiegelau
Lusen 1.373 m
National-parkhaus
Freilichtmuseum
Parkstetten
Bogen
Schwarzach
Grafling
Kirchberg
Kirchdorf im Wald
St. Oswald
Mauth
Philippsreut
Straubing
Gäuboden-museum
St. Jakob
Wallfahrtskirche
Breitenauriegel 1.114 m
Offenberg
Kloster Metten
Mietraching
Grafenau
Haidel 1.167 m
Gäuboden
Aiterhofen
Schloss Himmelberg
Deggendorf
Mariä Himmelfahrt
Schönberg
Buchberger Leite
Freyung
Schloss Wolfstein
Grainet
Dreisesselberg 1.332 m
Geiselhöring
Straßkirchen
Stephans-posching
Auerbach
Langquaid
Laberweinting
Ober-schneiding
Lallinger Winkel
Saldenburg
Perlesreut
Mallersdorf-Pfaffenberg
Leiblfing
Plattling
Hengers-berg
Schöllnach
Museumsdorf Bayer. Wald
Schloss Englburg
Tittling
Waldkirchen
Jandelsbrunn
Nieder-alteich
Wallersdorf
Isar
Winzer
Eging am See
Breiten-berg
Neufahrn in Niederbayern
Mengkofen
Osterhofen
Neukirchen vorm Wald
Rottenburg an der Laaber
Ergoldsbach
Pilsting
Oberpöring
Pullman-City
Aicha vorm Wald
Hutthurm
Abteiland
Hauzenberg
Wachsender Felsen
Landau an der Isar
Künzing
Römerbad Quintana
Bergwerk-museum
Mamming
Tiefenbach
Wegscheid
Hohenthann
Postau
Eichendorf
Vilshofen
Windorf
Ilz
Salzweg
Thyrnau
Caprima
Dingolfing
Kloster Schweiklberg
Vils
Essenbach
Loiching
Nieder-viehbach
NIEDERBAYERN
Roßbach
Aldersbach
Neuburger Wald
Passau
Veste Oberhaus
Dom
Untergriesbach
Obernzell
Ergolding
Reisbach
Simbach
Wasserschloss
Arnstorf
Aidenbach
Ortenburg
Altdorf
LANDSHUT
Frontenhausen
Bayernpark
Johannis-kirchen
Egglham
Fürstenzell
Neuburg am Inn
St. Martin
Burg Trausnitz
Haarbach
Kumhausen
Gerzen
St. Erasmus
Schönau
Inn
Eching
Ober-trennbach
Bad Griesbach
Neuhaus am Inn
Schärding
Geisenhausen
Falkenberg
Bad Birnbach
Ruhstorf
Altfraunhofen
Vilsbiburg
Gangkofen
Pfarrkirchen
Rott
Eggenfelden
Heberts-felden
Schloss Thurnstein
Bayerbach
Rottal
Pocking
Massing
Niederbayerisches Freilichtmuseum
Triftern
Bodenkirchen
Rotthalmünster
Bad Füssing
Vilsbiburg
Velden
Wurmannsquick
Kirchham
Tann
Malching
Zeilarn
Simbach am Inn
ÖSTERREICH
Braunau
Dorfen
Mühldorf
Inn
Kirchdorf am Inn
Altötting
Ried
BAYERN
Waldkraiburg
Burghausen
Salzach

An der sogenannten Ortsspitze in Passau vereinigen sich die drei Flüsse Donau, Inn und Ilz. In der lebendigen Drei-Flüsse-Stadt kann man noch zahlreiche andere Sehenswürdigkeiten entdecken.

Impressum

Buchgestaltung
Matthias Kneusslin
www.hoyerdesign.de

Karte
Fischer Kartografie, Aichach

Printed in Italy
Repro: Artilitho snc, Lavis-Trento, Italien
www.artilitho.com
Druck und Verarbeitung: Grafica Stella srl, Verona, Italien

ISBN 978-3-8003-4201-3

Bildnachweis
Alle Bilder von Martin Siepmann mit Ausnahme von: S. 46 kleines Bild oben: analiza/fotolia; S. 46 kleines Bild unten: Michael Röhrich/fotolia; S. 66 Rechts unten: Aconcagua/wikipedia.org; S. 67: High Contrast/wikipedia.org; S. 102 Links oben: Hauptamt – Stadt Deggendorf; S. 102 Rechts oben: rbiedermann/iStockphoto.com; S. 108 kleines Bild oben: hajo-hempel/pixelio.de.